excerpta classica
II

Roland Barthes

VARIATIONS SUR L'ÉCRITURE

Französisch – Deutsch

Übersetzt von
Hans-Horst Henschen

Mit einem Nachwort von
Hanns-Josef Ortheil

Dieterich'sche Verlagsbuchhandlung

Der Originaltext folgt in Wortlaut und Interpunktion der von Éric Marty besorgten Werkausgabe Roland Barthes, *Œuvres complètes*, Éditions du Seuil, Tome 4, Paris 2002.

Der Text wurde von Barthes im Februar 1973 für ein Gemeinschaftswerk über die Kommunikation für das Istituto accademico di Roma geschrieben.

ISBN 3-87162-064-5
ISBN 13: 978-3-87162-064-5

Gesetzt aus der Mono-Walbaum
Gesamtherstellung: AZ Druck und Datentechnik GmbH, Kempten/Allgäu
Einband nach einem Entwurf von
Rambow und van de Sand, Frankfurt am Main

Variations sur l'écriture

Le premier objet que j'ai rencontré dans mon travail passé a été l'écriture; mais j'entendais alors ce mot dans un sens métaphorique: c'était pour moi une variété du style littéraire, sa version en quelque sorte collective, l'ensemble des traits langagiers à travers lesquels un écrivain assume la responsabilité historique de sa forme et se rattache par son travail verbal à une certaine idéologie du langage. Aujourd'hui, vingt ans plus tard, par une sorte de remontée vers le corps, c'est au sens manuel du mot que je voudrais aller, c'est la «scription» (l'acte musculaire d'écrire, de tracer des lettres) qui m'intéresse: ce geste par lequel la main prend un outil (poinçon, roseau, plume), l'appuie sur une surface, y avance en pesant ou en caressant et trace des formes régulières, récurrentes, rythmées (il ne faut pas en dire plus: ne parlons pas forcément de «signes»). C'est donc du geste qu'il sera question ici, et non des acceptions métaphoriques du mot «écriture»: on ne parlera que de l'écriture manuscrite, celle qui implique le tracé de la main.

Que dira-t-on de cette écriture? On se préoccupera surtout de rassembler ce qu'on pourrait ap-

Variationen über die Schrift

Der erste Gegenstand, auf den ich in meiner früheren Arbeit gestoßen bin, war die Schrift; damals aber habe ich dieses Wort in einem metaphorischen Sinne aufgefasst: für mich war es eine Spielart des literarischen Stils, seine gewissermaßen kollektive Version, der Gesamtkomplex der sprachlichen Züge, mittels deren ein Schriftsteller die historische Verantwortung für seine Form übernimmt und sich durch seine verbale Arbeit mit einer bestimmten Ideologie der Sprache verbindet. Heute, zwanzig Jahre später – und durch eine Art Rückgriff auf den Körper –, ist es der manuelle Sinn des Wortes, dessen ich mich bedienen möchte, ist es die „Schreibung" (der muskuläre Akt des Schreibens, der Prägung der Buchstaben), die mich interessiert: dieser Gestus, mit dem die Hand ein Werkzeug ergreift (Stichel, Schreibrohr, Feder), es auf eine Oberfläche stützt und darauf, eindrückend oder sanft streichend, fortgleitet und regelmäßige, rhythmische, wiederkehrende Formen einprägt (mehr braucht nicht gesagt zu werden: es handelt sich nicht zwangsläufig um „Zeichen"). Es ist also der Gestus, von dem hier gesprochen wird, und nicht die metaphorischen

peler le dossier de l'écriture manuelle: informations historiques et techniques, contacts de l'objet «écriture» avec différents savoirs (avec différents préjugés), structuration de quelques systèmes graphiques, enjeu social et économique de l'activité d'écriture, rapports du geste scriptural et du corps. Ce dossier, l'auteur le reconnaît, reste assez personnel: issu de lectures citées parfois quasi littéralement et qui intéressent le plus souvent (il s'en excuse auprès des lecteurs italiens) le domaine français: j'ai lu et j'ai noté ce qui touchait ma sensibilité intellectuelle. Ce dossier, je n'ai pas essayé de l'organiser, de l'enrober dans un discours continu, de produire une «thèse» personnelle sur l'écriture; ce qui m'importait, c'était en quelque sorte de me fournir à moi-même des réflexions suspensives ou, à la lettre, des *questions*. Le corps de ces questions n'a donc pas de valeur démonstrative; il est cependant imprégné d'un certain sens: il indique que l'écriture, historiquement, est une activité continûment contradictoire, articulée sur une double postulation: d'une part, c'est un objet strictement mercantile, un instrument de pouvoir et de ségrégation, pris dans le réel le plus cru des sociétés; et d'autre part, c'est une pratique de jouissance, liée aux profondeurs pulsionnelles du corps et aux productions les plus subtiles et les plus heureuses de l'art. Voilà la trame du texte scriptural. Je n'ai fait ici que disposer, étaler les fils. A chacun d'établir le dessin.

Auffassungen des Wortes „Schrift“: es wird nur von der handschriftlichen Schrift die Rede sein, derjenigen, die den Zug der Hand einschließt. Was soll man über diese Schrift sagen? Es wird vor allem darum gehen, alles das zusammenzutragen, was man das Dossier der Handschrift nennen könnte: historische und technische Informationen, Kontakte des „Schrift“-Objekts zu verschiedenen Wissensformen (zu verschiedenen Vorurteilen), Strukturierung bestimmter graphischer Systeme, sozialer und ökonomischer Einsatz der Schreibaktivität, Beziehung der skripturalen Geste zum Körper. Dieses Dossier bleibt, der Autor weiß es, durchaus persönlich: aus manchmal wörtlich zitierten Lektüren hervorgegangen, die zumeist (mit einer Entschuldigung bei italienischen Lesern) den französischen Sprachraum betreffen: ich habe gelesen und notiert, was meine intellektuelle Sensibilität berührte. Ich habe nicht versucht, dieses Dossier in einen fortlaufenden Diskurs einzubeziehen, zu organisieren, eine persönliche „These“ über die Schrift hervorzubringen; worauf es mir ankam war, mir selbst gewissermaßen vorläufige Reflexionen vorzulegen oder, im Wortsinn, *Fragen.* Das Korpus dieser Fragen hat also keinerlei Beweiswert; gleichwohl ist es mit einem bestimmten Sinn getränkt: es verweist darauf, dass die Schrift, historisch gesehen, eine dauerhaft widersprüchliche Aktivität ist, mit einem doppelten Postulat verbunden: einerseits ist sie streng merkantiles Objekt, ein

Repères.

Voici d'abord les articulations très réduites d'une histoire de l'écriture: la mise en place chronologique de quelques faits d'apparition ou de mutation, sans oublier cependant que toute chronologie étant classement (à la fois sélection et ordre), elle comporte *ab ovo* un certain sens mythologique: en l'occurrence (puisqu'il s'agit de notre savoir, à nous hommes modernes de l'Occident) le recours à un schéma linéaire; descensionnel, qui fait les «écritures» «sortir» les unes des autres, selon la figure de la filiation et de l'évolution.

1° Des graphismes, incisions rythmées sur les parois des cavernes de la préhistoire, sont attestées à la fin du Moustérien et abondent quelque 35 000 ans avant notre ère.

Instrument von Macht und Segregation, erstarrt im gröbsten Realen der Gesellschaften; und andererseits ist sie Praxis des Genusses, mit den triebgebundenen Tiefenschichten des Körpers und den subtilsten und gelungensten Produktionen der Kunst liiert. Das also ist der Raster des skripturalen Textes. Ich habe hier lediglich die Fäden geordnet, ausgebreitet. Es steht jedermann frei, das Muster auszuführen.

Wegmarken.

Zunächst also die sehr reduzierten Knotenpunkte einer Geschichte der Schrift: die chronologische Aufzählung einiger Erscheinungs- oder Veränderungsschübe, ohne gleichwohl zu vergessen, dass jede Chronologie, weil sie Klassifizierung (also zugleich Selektion und Ordnung) ist, *ab ovo* einen bestimmten mythologischen Sinn enthält: im vorliegenden Fall (weil es sich ja um unser Wissen handelt, um uns als moderne Menschen des Abendlandes) der Rückgriff auf ein lineares, absteigendes Schema, das die „Schriften" eine aus der anderen „entstehen" lässt, im Sinne des Filiations- und des Evolutionsverlaufs.

1) Graphismen, rhythmisierte Einkerbungen an den Höhlenwänden der Vorgeschichte, sind seit dem Ende des Moustérien bezeugt und mehren sich etwa 35 000 Jahre vor unserer Zeitrechnung.

2° L'écriture proprement dite (écriture linéaire) est attestée en Mésopotamie 35 000 ans avant J.-C., c'est-à-dire 2500 ans après l'apparition des premiers villages dans la société humaine. Cette écriture (cunéiforme), pratiquée par les Sumériens, puis par les Akkadiens (Assyriens et Babyloniens), a été en vigueur jusqu'à l'ère chrétienne.

3° Les plus anciens monuments de l'écriture égyptienne (hiéroglyphique) datent du début du second millénaire avant notre ère.

4° C'est au cours de ce même millénaire (vers 1700 avant J.-C.) qu'une écriture chinoise est attestée (textes divinatoires tracés sur des écailles de tortue).

5° Le premier alphabet (en l'occurrence consonantique) est phénicien, (scribes d'Ougarit, XIVe siècle avant J.-C.). De cet alphabet, découle un grand nombre d'alphabets postérieurs, entre autres: l'araméen (et de là l'hébraïque, le nabatéen, l'arabe, le brahmi) et le grec (et de là l'étrusque, le latin; le cyrillique).

6° L'alphabet grec a été emprunté aux Phéniciens, aux environs du VIIIe siècle avant J.-C. Son originalité est l'inclusion régulière des voyelles dans l'alphabet.

2) Die Schrift im eigentlichen Sinne (die Linearschrift) ist in Mesopotamien 35 000 Jahre vor Christi Geburt bezeugt, das heißt 2500 Jahre nach dem Vorkommen der ersten Dörfer in der menschlichen Gesellschaft. Diese (keilförmige) Schrift, zunächst von den Sumerern, dann von den Akkadiern (Assyrern und Babyloniern) praktiziert, ist bis in die christliche Zeit in Gebrauch geblieben.
3) Die ältesten ägyptischen Schriftdenkmäler (Hieroglyphen) datieren vom Beginn des zweiten Jahrtausends vor unserer Zeitrechnung.
4) Im Laufe eben dieses Jahrtausends (um 1700 v. Chr.) ist eine chinesische Schrift bezeugt (auf Schildkrötenpanzer geritzte Wahrsagetexte).
5) Das erste (im vorliegenden Fall konsonantische) Alphabet ist das phönizische (Schreiber von Ugarit, 14. Jahrhundert v. Chr.). Aus diesem Alphabet entwickelt sich eine große Zahl späterer Alphabete, unter anderen: das aramäische (und daraus das hebräische, das nabatäische, das arabische, das Brahmi-Alphabet) und das griechische (und daraus das etruskische, das lateinische, das kyrillische).
6) Das griechische Alphabet ist bei den Phöniziern entlehnt worden, und zwar ungefähr im 8. Jahrhundert v. Chr. Seine Neuartigkeit liegt im regelmäßigen Einschluss von Vokalen ins Alphabet.

7° Alentour le IVᵉ siècle avant J.-C., en Chine et en Grèce apparaissent deux phénomènes conjoints: d'une part, il y a unification des écritures régionales (en Chine, il y a unification impériale, centralisation politique, progrès de l'Etat; en Grèce, à Athènes, il y a unification de l'écriture à partir de l'alphabet de Milet, dit ionien); d'autre part, en Chine et en Grèce, il y a apparition d'une écriture cursive.

8° Alentour le Iᵉʳ siècle après J.-C., le papier apparaît en Chine, le parchemin en Asie Mineure.

9° Au IIIᵉ siècle après J.-C., il y a une grande révolution dans le support d'écriture: on passe du rouleau de papyrus (*rotulus*, *volumen*) au cahier de feuillets (*codex*).

10° En Occident, au VIᵉ siècle, la reproduction manuscrite des textes est pratiquée dans de véritables ateliers de copistes (*scriptoria*).

11° Au Xᵉ siècle, les premiers chiffres arabes sont introduits en Occident (ils seront diffusés au XIIIᵉ siècle et triompheront au XVᵉ); le papier, venu de Chine, également.

12° La plume (d'oiseau) était apparue au VIIᵉ siècle après J.-C.; l'usage du calamus (bec de roseau) disparaît vers le XIIᵉ siècle.

7) Um das 4. Jahrhundert v. Chr. treten in China und Griechenland zwei miteinander verschwisterte Phänomene in Erscheinung: einerseits die Vereinheitlichung regionaler Schriften (in China Vereinheitlichung auf Betreiben des Kaisers, politische Zentralisierung, Ausgriff staatlicher Machtbefugnisse; in Athen in Griechenland kommt es zu einer Vereinheitlichung der Schrift auf der Grundlage des Alphabets von Milet, des so genannten ionischen Alphabets); andererseits das Auftauchen einer Kurrentschrift in China und Griechenland.
8) Um das erste Jahrhundert n. Chr. tritt in China das Papier, in Kleinasien das Pergament in Erscheinung.
9) Im 3. Jahrhundert n. Chr. kommt es zu einer großen Revolution auf dem Gebiet des Beschreibstoffes: man geht von der Papyrusrolle *(rotulus, volumen)* zum Blätterheft *(codex)* über.
10) Im Abendland wird im 6. Jahrhundert n. Chr. die handschriftliche Reproduktion von Texten in regelrechten Kopierwerkstätten *(scriptoria)* praktiziert.
11) Im 10. Jahrhundert werden im Okzident die ersten arabischen Zahlen eingeführt (sie breiten sich im 13. weiter aus und triumphieren im 15. Jahrhundert); ebenso das aus China kommende Papier.
12) Die (Vogel-)Feder war im 7. Jahrhundert n. Chr. aufgetaucht; der Gebrauch des Calamus

13° Le zéro apparaît dans la numérotation au XIIe siècle.

14° Au XIVe siècle, chaque mot est tracé sans lever la plume.

15° Les principales écritures latines (Antiquité et Moyen Age) ont été les suivantes:
- *la capitale* (Ier–IIe siècle) aux formes massives;
- *l'écriture commune classique* (cursive) (Ier–IIe siècle);
- *l'onciale* (IIIe siècle) où les courbes prédominent;
- la minuscule *caroline* (VIIIe siècle), élégante et claire;
- *l'écriture brisée ou gothique*, écriture de la Renaissance du XIIe siècle, écriture des Universités, en vigueur dans toute la Chrétienté;
- *l'écriture humanistique*, écriture italienne du XVe siècle (c'est une écriture ronde et penchée); elle est à l'origine de *l'italique* imprimée.

16° En Chine, à la fin du VIIe siècle, il y a eu impression de caractères sur papier mince. En Europe, les premières impressions xylographiques ont lieu vers 1420; le Hollandais Coster utilise des caractères mobiles à relief encré. L'atelier de Gutenberg fonctionne à Mayence et à Strasbourg au milieu du XVe siècle. Les caractères, d'abord gothiques, sont romanisés par Nicolas Jenson, installé à Venise vers 1470. Au

(Schilfrohrfeder) verschwindet um das 12. Jahrhundert.

13) Die Null in der Zahlengebung tritt im 12. Jahrhundert in Erscheinung.

14) Im 14. Jahrhundert wird jedes Wort geschrieben, ohne die Feder abzusetzen.

15) Die wichtigsten lateinischen Schriften (Antike und Mittelalter) waren die folgenden:
- die *Kapital*-Schrift (1. bis 2. Jahrhundert) mit massigen Formen;
- die *gemeine klassische* (Kurrent-) Schrift (1. bis 2. Jahrhundert);
- die *Unzial*-Schrift (3. Jahrhundert), in der die Rundungen vorherrschen;
- die *karolingische* Minuskel (8. Jahrhundert), elegant und deutlich;
- die *gebrochene* oder *gotische* Schrift, eine Renaissance-Schrift des 12. Jahrhunderts, die Schrift der Universitäten, in der gesamten Christenheit in Kraft;
- die *humanistische* Schrift, eine italienische Schrift des 15. Jahrhunderts (rund und schräg geneigt); sie steht am Ursprung der gedruckten *Kursiv*-Schrift.

16) In China hat es gegen Ende des 7. Jahrhunderts den ersten Druck mit Schrifttypen auf dünnem Papier gegeben. In Europa finden um 1420 die ersten xylographischen [Holzschnitt-] Drucke statt; der Holländer Coster benutzt bewegliche, erhabene Lettern. Die Werkstatt Gutenbergs nimmt in Mainz und Straßburg zur Mitte des 15.

XVIe siècle, vers 1540, Claude Garamond crée les Romains de l'Université et les Grecs du Roi.

17° Ponctuation et accents sont établis au XVIe siècle.

18° Au XVIe siècle, l'écriture manuscrite est très relâchée: rapide et personnelle. Au début du XVIIe siècle, en France, suivant le modèle de la typographie et selon la mode italienne (écriture humanistique), l'écriture manuscrite est régularisée, vise à un certain universalisme. La Compagnie des maîtres écrivains pratique une écriture officielle; Colbert accorde sa protection aux «belles mains».

19° Il est créé en France, au XVIIIe siècle, une Académie d'écriture, qui disparaîtra avec les corporations d'artisans à la Révolution.

Jahrhunderts ihre Tätigkeit auf. Die zunächst gotischen Lettern werden von Nicolas Jenson romanisiert, der sich um 1470 in Venedig niederlässt. Im 16. Jahrhundert, um 1540, prägt Claude Garamond die Antiqua-Schrift der Universität und das «Grec du Roi»*.

17) Interpunktions- und Akzentzeichen treten im 16. Jahrhundert auf.

18) Im 16. Jahrhundert lockert sich die handschriftliche Schreibung: sie wird schnell und persönlich. Zu Beginn des 17. Jahrhunderts wird die handschriftliche Schreibung, nach dem Modell der Typographie und gemäß der italienischen Mode (humanistische Schreibung), Regeln unterworfen und zielt auf eine gewisse Allgemeinverbindlichkeit ab. Die «Compagnie des maîtres écrivains» praktiziert eine offizielle Schrift; Colbert gewährt den «belles mains» seinen Schutz.

19) In Frankreich wird im 18. Jahrhundert eine «Académie d'écriture» geschaffen, die in der Revolution zusammen mit den Handwerkerzünften verschwindet.

* Claude Garamond (1480–1561), Schüler von Geoffroy Tory (vgl. S. 137 dieses Bandes) und einer der ersten und bedeutendsten europäischen Typographen, schuf im Auftrag von Franz I. drei Sätze von griechischen Schrifttypen, «les Grecs du Roi». [A. d. Ü.]

20° La plume métallique apparaît au XIXe siècle.

21° La machine à écrire, inventée en 1714, perfectionnée au XIXe siècle, est entrée dans la pratique courante depuis 1875.

20) Die Metallfeder tritt im 19. Jahrhundert in Erscheinung.
21) Die 1714 erfundene Schreibmaschine, im 19. Jahrhundert perfektioniert, wird seit 1875 in die Schreibpraxis eingeführt.

I. Illusions

Cacher.

Certains linguistes s'en tiennent avec agressivité à la fonction communicante du langage: le langage, ça sert à communiquer. Même préjugé chez les archéologues, les historiens de l'écriture: l'écriture, ça sert à transmettre. Ceux-là sont bien obligés d'admettre, cependant, que, de toute évidence, l'écriture a parfois (toujours?) servi à *cacher* ce qui lui était confié. Si la pictographie est un système simple, particulièrement clair, en passant à un système difficile, complexe, abstrait, diversifié en de nombreux registres de graphismes, souvent à la limite du déchiffrable (l'idéographie cunéiforme), c'est bien la lisibilité que les scribes sumériens ont abandonnée au profit d'une certaine opacité graphique. La cryptographie serait la vocation même de l'écriture. L'illisibilité, loin d'être l'état défaillant, monstrueux, du système scriptural, en serait au con-

I. Illusionen

Verbergen.

Manche Linguisten klammern sich geradezu aggressiv an die kommunikative Funktion der Sprache: die Sprache dient dazu, zu kommunizieren. Dasselbe Vorurteil bei den Archäologen, den Historikern der Schrift: die Schrift dient dazu, zu überliefern. Die letzteren sind gleichwohl einzuräumen gezwungen, dass die Schrift allem Anschein nach manchmal (immer?) auch dazu gedient hat, das ihr Anvertraute zu *verbergen.* Während die Piktographie ein einfaches, besonders klares System ist, das in ein schwieriges, komplexes, abstraktes, in zahlreiche Graphik-Register differenziertes System übergeht, das häufig an der Grenze der Entzifferbarkeit (die Keilschrift-Ideographie) steht, ist es gerade die Lesbarkeit, die die sumerischen Schreiber zugunsten einer gewissen graphischen Dunkelheit haben fahren lassen. Die Kryptographie ist die eigentliche Mission der

traire la vérité (l'essence d'une pratique peut-être à sa limite, non en son centre). Les raisons de cette occultation peuvent être diverses, variées selon les lieux, les époques: raisons religieuses s'il s'agit d'un rapport initiatique jalousement coupé de tout contact profane, d'une communication taboue avec les dieux; raisons sociales, s'il s'agit d'assurer à la caste des scribes, représentant elle-même une certaine classe sociale (celle qui était au pouvoir), la protection de certains secrets, de certaines informations, de certaines propriétés. Nous sommes habitués, par le poids des valeurs démocratiques (et peut-être plus lointainement: chrétiennes), à considérer spontanément la plus grande communication comme un bien absolu et l'écriture comme un acquis progressiste. C'est oublier une fois de plus l'envers du phénomène: il y a une vérité noire de l'écriture: l'écriture, pendant des millénaires, a séparé ceux qui y étaient initiés, peu nombreux, de ceux qui n'y étaient pas (la masse des hommes), elle a été la marque de la propriété (par la signature) et de la distinction (il y a des écritures primaires, vulgaires et des écritures cultivées); aujourd'hui encore, tout phénomène de maîtrise, de sécession et, si l'on peut dire, de clandestinité, passe par la possession d'une écriture (algorithmes de la mathématique, de la chimie, de la botanique; écriture musicale, symbolique, astrologique; dès qu'une science tend à se constituer, ses promoteurs lui inventent un hermétisme graphique:

Schrift. Die Unlesbarkeit des skripturalen Systems ist, weit davon entfernt, mangelhaft, abstoßend zu sein, im Gegenteil seine Wahrheit (die Essenz einer Praxis vielleicht an seiner Grenze, nicht in seinem Zentrum). Die Gründe dieser Verdunkelung können ganz unterschiedlich sein, verschieden je nach den Orten, den Epochen: religiöse Gründe, wenn es sich um eine Initiationsbeziehung handelt, die eifersüchtig von jedem profanen Kontakt abgeschnitten wird, um eine tabuisierte Kommunikation mit den Göttern; soziale Gründe, wenn es sich darum handelt, der Schreiberkaste, die ihrerseits eine bestimmte soziale Klasse repräsentierte (diejenige, die an der Macht war), den Schutz bestimmter Geheimnisse, bestimmter Informationen, bestimmter Besitzstände zu verbürgen. Wir sind es, im Banne demokratischer (und vielleicht noch entfernter: christlicher) Werte, gewöhnt, die umfassendste Kommunikation ganz spontan als absolutes Gut zu betrachten und die Schrift als fortschrittliche Errungenschaft. Das heißt einmal mehr die Kehrseite des Phänomens außer Acht lassen: es gibt auch eine Nachtseite der Schrift: die Schrift hat Jahrtausende lang die wenigen, die damit vertraut waren, von den anderen geschieden, die es nicht waren (die große Masse der Menschen), sie ist (durch die Unterschrift) das Zeichen des Eigentums und der Unterscheidung gewesen (es gibt Urschriften, vulgäre und kultivierte Schriften); noch heute nimmt

ainsi aujourd'hui de la sémiotique narrative où le récit est mis en symboles graphiques); dans l'ordre du manuscrit (qui perd il est vrai du terrain), plus une écriture est difficilement lisible, plus elle est réputée «personnelle», renvoyant au statut impénétrable de l'individu. En conséquence, les imaginations graphiques de certains peintres, pour autant qu'ils ont produit des écritures absolument, définitivement indéchiffrables (et pour cause), tels Masson et Réquichot, ne doivent-elles être nullement tenues pour des aberrations d'artistes; ce sont plutôt les manifestations de l'envers – de l'enfer – de l'écriture (la vérité est dans l'envers).

Classement.

Les savants actuels pensent toujours l'écriture *à partir du langage*, et pour eux, le langage, c'est le langage oral, parlé: l'écriture n'est donc que la suivante (tardive) de la parole. Aussi ont-ils classé les écritures selon les trois articulations du langage – de leur langage: il y aurait d'abord

jedes Phänomen von Herrschaft, von Sezession und, wenn man so sagen darf, von Klandestinität seinen Weg über den Besitz einer Schrift (Algorithmen der Mathematik, der Chemie, der Botanik; symbolische, astrologische, Noten-Schrift; sobald eine Wissenschaft sich zu konstituieren bestrebt ist, erfinden ihre Initiatoren ihr eine graphische Hermetik: so heute die der narrativen Semiotik, in der die Erzählung in graphische Symbole übersetzt wird); im Bereich des Manuskripts (das allerdings an Boden verliert) gilt eine Schrift als um so „persönlicher", je schwieriger sie zu lesen ist, weil sie auf den unergründlichen Status des Individuums verweist. Folglich dürfen die graphischen Phantasien mancher Maler, sofern sie nur absolut, definitiv unentzifferbare Schriften hervorgebracht haben (und aus guten Gründen), so Masson und Réquichot, durchaus nicht für Verirrungen von Künstlern gehalten werden; es sind eher Manifestationen des Gegenteils – der Hölle – der Schrift (die Wahrheit liegt auf der anderen Seite).

Klassifizierung.

Die heutigen Gelehrten denken die Schrift immer *von der Sprache aus*, und die Sprache ist für sie die mündliche, gesprochene Sprache: die Schrift ist also nur die (verspätete) Folge der Rede. Deshalb haben sie die Schriften nach drei Gliederungen der Sprache klassifiziert –

une «écriture de phrase», dans laquelle le signe tracé prendrait en charge un énoncé complet, une unité de discours: c'est l'écriture dite synthétique (*Ideenschrift*), celle que l'on trouve dans les pictogrammes (écharpes des Iroquois, des Algonquins, bandes dessinées), puis une «écriture de mots» dont les signes prennent en charge les unités significatives du langage, les monèmes: c'est l'écriture analytique (*Wortschrift*), que l'on trouve dans les idéogrammes (sumériens, égyptiens, chinois); enfin une écriture des sons, dont chaque signe prend en charge une unité distinctive (son-lettre) ou un groupe d'unités distinctives (syllabes): c'est l'écriture alphabétique, que l'on trouve dans les syllabaires, les alphabets consonantiques et vocaliques (l'alphabet phénicien et ses dérivés). Ce classement est, naturellement, plausible, sans doute commode, mais peut être aussi dangereux: car d'une part, il accrédite l'idée que puisqu'il y a eu, dit-on, progrès du pictogramme à l'alphabet grec (le nôtre), c'est un seul mouvement, celui de la Raison, qui a réglé l'histoire de l'humanité, le développement de l'esprit analytique et la naissance de notre alphabet; et d'autre part, en réduisant les unités du langage (parlé) à des sortes de monades «mates», dont on s'oblige à ignorer les innombrables vibrations symboliques au profit de leur seul être distinctif, communiquant, c'est tout le mythe scientiste d'une écriture linéaire, purement informative, que l'on renforce – comme si c'était

ihrer Sprache: es gibt also zunächst eine „Satzschrift", in der das gezogene Zeichen [der Schrift-„Zug"] sich einer vollständigen Aussage, einer Diskurseinheit annimmt: das ist die so genannte synthetische Schrift (*Ideenschrift*), wie man sie in den Piktogrammen findet (Bändern der Irokesen, der Algonkin, Comics); weiter eine „Schrift des Wortes", deren Zeichen sich der signifizierenden Einheiten der Sprache, der Moneme annehmen: das ist die analytische Schrift (*Wortschrift*), wie man sie in den (sumerischen, ägyptischen, chinesischen) Ideogrammen findet; schließlich eine Lautschrift, bei der jedes Zeichen sich einer distinkten Einheit (Laut-Buchstabe) oder einer Gruppe von distinkten Einheiten (Silben) annimmt: das ist die alphabetische Schrift, wie man sie in den Syllabarien, den konsonantischen und vokalischen Alphabeten findet (das phönizische Alphabet und seine Abkömmlinge). Diese Klassifizierung ist natürlich plausibel, zweifellos bequem, vielleicht aber auch gefährlich: denn einerseits akkreditiert sie die Idee, dass, weil es angeblich einen Fortschritt vom Piktogramm zum griechischen Alphabet (dem unsrigen) gegeben hat, es eine einzige Bewegung ist, nämlich die der VERNUNFT, die die Geschichte der Menschheit, die Entwicklung des analytischen Denkens und die Geburt unseres Alphabetes gelenkt hat; und andererseits ist es, wenn man die Einheiten der (gesprochenen) Sprache auf eine Art „fensterloser" Monaden

un progrès incontestable que d'aplatir le signe écrit (volumineux dans le pictogramme et l'idéogramme) à un élément purement stochastique.

Communication.

L'histoire de l'écriture chinoise est exemplaire sur ce point: cette écriture a *d'abord* été esthétique et/ou rituelle (servant à s'adresser aux dieux) et ensuite fonctionnelle (servant à communiquer, à enregistrer); la fonction de communication, dont nos linguistes font une tarte à la crème, est postérieure, dérivée, secondaire; l'écriture chinoise n'a donc pu être au départ un décalque de la parole et nos transcriptionnistes (qui voient dans l'écriture une simple transcription du langage) en sont ici pour leurs frais. Non, il ne va pas de soi que l'écriture serve à communiquer; c'est par un abus de notre ethnocentrisme que nous attribuons à l'écriture des fonctions purement pratiques de comptabilité, de communication, d'enregistrement et que nous censurons le symbolisme qui meut le signe écrit.

reduziert, bei denen man sich zwingt, die zahllosen symbolischen Vibrationen – zugunsten ihres bloß distinkten, kommunikativen Wesens – außer Acht zu lassen, der ganze szientistische Mythos einer linearen, rein informativen Schrift, den man verstärkt – so als ob es ein unbestreitbarer Fortschritt wäre, das geschriebene (im Piktogramm und Ideogramm geradezu voluminöse) Zeichen zu einem rein stochastischen Element zu verflachen.

Kommunikation.

Beispielhaft ist in dieser Hinsicht die Geschichte der chinesischen Schrift: diese Schrift ist *zunächst* ästhetisch und/oder rituell (im Dienste der Wendung an die Götter) und anschließend funktional gewesen (im Dienste der Kommunikation, der Aufzeichnung); die Kommunikationsfunktion, die unsere Linguisten zu einem Gemeinplatz machen, ist nachgeordnet, abgeleitet, sekundär; die chinesische Schrift konnte also zu Beginn kein bloßer Abklatsch der Rede sein, und unsere Transkriptionisten (die in der Schrift eine einfache Transkription der Sprache sehen) haben sich hier ganz umsonst bemüht. Nein, es versteht sich nicht von selbst, dass die Schrift der Kommunikation dient; es ist ein Übelstand unseres Ethnozentrismus, im Banne dessen wir der Schrift rein praktische Funktionen von Buchführung, Kommunikation und Registrierung zuschreiben und die

Donc, en Chine, l'écriture a d'abord été religieuse, rituelle; c'était une partie de cette langue d'interlocution divine que l'on retrouve sous une autre forme dans l'expérience d'Ignace de Loyola. Puis, semble-t-il, l'Etat, centralisé sous le pouvoir impérial, s'est emparé de cette écriture particulière et l'a vulgarisée, laïcisée, asservie à des tâches administratives, comptables ; l'écriture s'est diversifiée: il y a eu une cursive pour sténographier la parole, une écriture officielle, sigellaire et une écriture monumentale (de stèles). Enfin, de nouveau, l'écriture s'est formée: l'Etat restaurant la morale nobiliaire et le ritualisme, l'écriture est redevenue rituelle, soumise à des valeurs jalousement conservatrice; elle est devenue une affaire d'Etat, l'Empereur s'est constitué le gardien de la norme graphique. Ainsi, par une sorte de mouvement allégorique, l'écriture chinoise parcourt trois fonctions importantes: l'intercession, la communication, la sécession (sociale).

Contretemps.

Nos savants n'ont bien étudié que les écritures anciennes: la science de l'écriture n'a jamais reçu qu'un seul nom: la *paléographie*, description fine, minutieuse des hiéroglyphes, des lettres

Symbolik verpönen, die das geschriebene Zeichen beflügelt.
In China ist die Schrift also zunächst religiös, rituell gewesen; sie war ein Teil jener Zwiesprache mit Gott, wie man ihr in anderer Form in der Erfahrung des Ignatius von Loyola wiederbegegnet. Dann hat sich anscheinend der in der kaiserlichen Macht zentralisierte STAAT dieser besonderen Schrift bemächtigt und sie vulgarisiert, laisiert und administrativen, buchhalterischen Aufgaben unterworfen; die Schrift hat sich diversifiziert: es hat eine Kurrentschrift gegeben, um die Rede zu stenographieren, eine offizielle, eine Schrift als Sigle und eine monumentale Schrift (an Stelen). Schließlich ist die Schrift neu erstanden: nachdem der Staat die Adelsmoral und das Ritualwesen restauriert hatte, ist auch die Schrift wiederum rituell geworden, eifersüchtig bewahrten Werten unterworfen; sie ist zur Staatsaffäre geworden, der Kaiser hat sich zum Hüter der graphischen Norm aufgeworfen. In einer Art allegorischer Bewegung durchläuft die chinesische Schrift so drei wichtige Funktionen: die Fürsprache, die Kommunikation, die (soziale) Spaltung.

Zur Unzeit.

Unsere Gelehrten haben nur die alten Schriften genau studiert: die Wissenschaft der Schrift hat immer nur einen einzigen Namen erhalten: die *Paläographie*, scharfsinnige, genaue Beschrei-

grecques et latines, génie des archéologues pour déchiffrer d'anciennes écritures inconnues; mais sur notre écriture moderne, rien: la paléographie s'arrête au XVIe siècle et cependant comment ne pas imaginer que toute une sociologie historique, toute une image des rapports que l'homme classique entretenait avec son corps, ses lois, ses origines, ne sortirait pas de cette «néographie» qui n'existe pas? Il se passe cette chose curieuse: l'historien, en l'occurrence, est semblable à un amnésique, dont la mémoire, opaque en ce qui concerne son présent, s'éclaircit peu à peu au fur et à mesure qu'il remonte plus loin dans son passé: ah, l'écriture du VIIe et du VIIIe siècle! C'est celle que nous connaissons le mieux; mais les écritures du XIXe siècle? ou même celles de notre siècle? Celles-ci ne sont jamais interrogées que d'un point de vue «graphologique», c'est-à-dire en fonction d'une psychologie discutable et à des fins le plus souvent répressives. Dès qu'elle devient moderne, l'écriture est refoulée: sans doute à cause de l'apparition du livre, mais aussi par le même mouvement qui, dans la science de la littérature, occulte le texte moderne au profit des œuvres passées: à l'impérialisme de la paléographie dans le champ des lettres, correspond celui de la philologie dans le champ des belles-lettres.

bung von Hieroglyphen, von griechischen und lateinischen Briefen, Geniestreich der Archäologen zur Entzifferung unbekannter alter Schriften; aber nichts ist über unsere moderne Schrift bekannt: die Paläographie hält im 16. Jahrhundert inne; warum sich indes nicht vorstellen, dass eine ganze historische Soziologie, ein umfassendes Bild der Beziehungen, die der klassische Mensch zu seinem Körper, seinen Gesetzen, seinen Ursprüngen unterhielt, aus dieser nicht-existierenden „Neographie" hervorging? Es passiert folgendes Merkwürdige: der Historiker ähnelt im vorliegenden Fall einem Amnestiker, dessen Gedächtnis, in Bezug auf die Gegenwart getrübt, sich allmählich und in dem Maße aufhellt, wie er weiter in die Vergangenheit ausgreift: ach ja, die Schrift des 7. und 8. Jahrhunderts! Sie ist es, die wir am besten kennen; aber die Schriften des 19. Jahrhunderts? Oder gar die unserer Zeit? Letztere sind nie anders untersucht worden als von einem „graphologischen" Standpunkt aus, das heißt mit Bezug auf eine umstrittene Psychologie und zu in der Regel repressiven Zwecken. Sobald sie modern wird, wird die Schrift verdrängt: zweifellos wegen der Heraufkunft des Buches, aber auch durch eben die Bestrebung, die, in der Wissenschaft der Literatur, den modernen Text zugunsten der vergangenen Werke verdunkelt: dem Imperialismus der Paläographie auf dem Felde des Schrifttums entspricht der der Philologie im Bereich der schönen Literatur.

Cet «oubli» a-t-il quelque rapport avec ce qu'on appelle communément l'idéologie bourgeoise? L'écriture est toujours liée de très près à l'histoire de l'enjeu social; elle a fait partie pendant très longtemps (et encore aujourd'hui?) des biens de classe. Ainsi voit-on, au XVIIe et au XVIIIe siècles, en France, la connaissance canonique de la «bonne» écriture confiée officiellement par l'Etat monarchique à une corporation de maîtres écrivains jurés; puis cette corporation sublimée, en quelque sorte, sous les espèces d'une *Académie d'écriture* (participant sans doute, ne serait-ce que par son nom, au prestige et aux fonctions conservatrices des autres Académies); enfin cette même Académie emportée en 1791 dans la tourmente qui met fin aux corporations, vestiges et signes de l'Ancien Régime; l'écriture est sans doute prête, à ce moment-là, dans l'optique de la Révolution bourgeoise, à se démocratiser; mais par là même on la dote imaginairement d'une sorte d'universalisme neutre, cependant qu'elle continue en fait à s'enseigner selon certains canons: insignifiante en droit, elle reste socialement sélective en fait. C'est ainsi que, tout le siècle dernier, l'écriture manque sa place exacte: c'est un fait de classe et cependant elle n'a plus la dignité esthétique que lui reconnaissait l'ancienne société, ouvertement divisée. C'est ici la même situation dialectique que l'on retrouve dans bien des faits de culture: pour retrouver des accents, des choix, des attentions qui

Dieses „Vergessen" – hat es irgendeine Beziehung zu dem, was man gemeinhin bürgerliche Ideologie nennt? Die Schrift ist immer sehr eng mit der Geschichte des sozialen Kampfeinsatzes verknüpft gewesen; sie war sehr lange (und noch heute?) Bestandteil der Klassengüter. So sieht man im 17. und 18. Jahrhundert in Frankreich die kanonische Kenntnis der „guten" Schrift vom monarchischen Staat offiziell einer Zunft von vereidigten Meister-Schreibern anvertraut; diese Zunft dann gewissermaßen zur Würde einer *Académie d'écriture* erhoben (die zweifellos, und sei es nur durch ihren Namen, am Prestige und an den konservativen Funktionen der anderen Akademien partizipierte); sieht man schließlich eben diese Akademie im Jahre 1791 in den Wirbel hineingezogen, der den Zünften als Spuren und Zeichen des Ancien Régime den Garaus macht; die Schrift ist zu diesem Zeitpunkt, aus der Optik der bürgerlichen Revolution, ohne Zweifel bereit sich zu demokratisieren; aber eben dadurch stattet man sie imaginär mit einer Art von neutraler Allgemeinverbindlichkeit aus, während sie in Wirklichkeit weiterhin nach bestimmten kanonischen Regeln unterrichtet wird: *de jure* unbedeutend, bleibt sie *de facto* sozial selektiv. So mangelt es der Schrift im ganzen letzten [dem 19.] Jahrhundert an ihrem genau bestimmten Ort: sie ist eine Klassenangelegenheit, und doch hat sie nicht mehr die ästhetische Würde, die ihr die alte, offen gespaltene Ge-

intéressent au plus haut point la modernité, nous sommes obligés de sauter par-dessus les siècles bourgeois et de nous reporter aux inventions d'une société ancienne, injuste, hiérarchique sans doute, mais dont l'euphorie, le «savoir-vivre» peuvent se représenter à nous comme des modèles utopiques: c'est le *contre-temps*, dont la théorie (historique) reste à faire. Ainsi de cette *Académie d'écriture*, enfoncée dans l'aliénation corporative et cependant détentrice d'une «pensée» scripturale qui nous fait bien défaut.

Fonctions.

L'écriture «manuscrite» a été censurée par nos savants pour toute l'époque moderne, c'est-à-dire depuis qu'elle a été concurrencée par la typographie – sauf à être récupérée à partir du XIXe siècle par une science problématique, la graphologie, dont le rôle répressif est évident (expertises psychiatriques, tests sélectifs d'embauche). En revanche, l'écriture ancienne (de son apparition à la fin du Moyen Age) est l'objet d'un savoir bien constitué. Ce savoir, amassé par des épigraphistes, des archéologues, des paléographistes plus que par des historiens, s'est sur-

sellschaft zuerkannte. Hier liegt dieselbe dialektische Situation vor, der man bei vielen kulturellen Gegebenheiten begegnet: um Akzente, Wahlmöglichkeiten, Merkzeichen wiederzufinden, die im höchsten Grade die Moderne betreffen, sind wir gezwungen, die bürgerlichen Jahrhunderte zu überspringen und uns auf die Erfindungen einer alten, ungerechten, zweifellos hierarchischen Gesellschaft zu beziehen, deren Euphorie und «savoir-vivre» sich uns als gleichsam utopische Modelle präsentieren können: das ist die „Unzeit“, deren (historische) Theorie aufzustellen bleibt. So von dieser *Académie d'écriture*, eingezwängt in die korporative Entfremdung und gleichwohl Bewahrerin eines skripturalen „Denkens“, das uns sehr fehlt.

Funktionen.

Die „handschriftliche“ Schrift ist von unseren Gelehrten für die ganze moderne Epoche verpönt worden, das heißt: seit ihr in der Maschinenschrift ein Konkurrent erwachsen ist – abgesehen davon, dass sie seit dem 19. Jahrhundert von einer problematischen Wissenschaft eingeholt wurde, der Graphologie, deren repressive Rolle evident ist (psychiatrische Gutachten, Einstellungstests). Umgekehrt ist die alte Schrift (seit ihrem Auftauchen gegen Ende des Mittelalters) Gegenstand eines genau umrissenen Wissens. Dieses eher von den Epigraphis-

tout attaché à la naissance et à l'évolution des formes scripturales; quelle que soit son inspiration positiviste, il n'a pu éviter d'évoquer les fonctions de l'écriture, surtout à son origine: à quelles fins, à partir de quelles circonstances, de quels besoins, a-t-on «inventé» l'écriture? Mais c'est alors passer à un tout autre savoir; car si dater les tablettes d'une fouille à l'aide du carbone 14 relève d'une technique et engendre un pur discours de la constatation, il n'en va pas de même dès qu'on se met à supputer des fonctions, des causes, des besoins, des motivations: on touche ici à la «mentalité» des peuples disparus, à la place même du phénomène étudié (ici l'écriture) dans un système de vie, dont on ne connaît que quelques éléments; dès lors, le savoir devient *idéologique* ou, pour être plus précis, *projectif*: le savant projette sur le phénomène étranger (étrange) qu'il a repéré tout un ensemble de valeurs, de raisons et de mots issus de sa propre histoire: le savoir se retrouve à la fois ethnocentrique et logocentrique: danger dénoncé par les ethnologues et les historiens: Marc Bloch raillait ces savants qui raffinent avec beaucoup de perspicacité sur la date d'un événement mais, dès lors qu'il s'agit d'en alléguer les mobiles, n'hésitent pas à recourir à la psychologie la plus usée et la plus problématique. En somme, il y a un moment (vite atteint) où le savoir devient mythologique (véhiculant inconsciemment les projections, les constructions de son

ten, den Archäologen, den Paläographen als von den Historikern zusammengetragene Wissen hat sich immer an die Geburt und die Evolution skripturaler Formen geheftet; wie auch immer seine positivistische Inspiration beschaffen sein mag, es hat nicht umhin können, an die Funktionen der Schrift zu erinnern, vor allem an ihrem Ursprung: zu welchen Zwecken, unter welchen Umständen, aus welchen Bedürfnissen hat man die Schrift „erfunden“? Das aber heißt zu einem ganz anderen Wissen übergehen; denn während etwa die Datierung von Schreibtäfelchen eines Grabes mittels Karbon 14 aus einer Technik erwächst und einen reinen Diskurs der Feststellung erzeugt, sieht alles völlig anders aus, sobald man sich Funktionen, Ursachen, Bedürfnisse, Motive einzuschätzen bemüht: hier rührt man an die „Mentalität“ untergegangener Völker, ja sogar an den Stellenwert des untersuchten Phänomens selbst (hier der Schrift) in einem Lebenssystem, von dem man nur einige wenige Elemente kennt; folglich wird das Wissen *ideologisch* oder, genauer, *projektiv*: der Gelehrte projiziert auf das fremde (befremdliche) Phänomen, das er ausfindig gemacht hat, ein ganzes Bündel von Werten, Gründen und Begriffen aus seiner eigenen Geschichte: das Wissen sieht sich miteins ethnozentrisch und logozentrisch geprägt: ein von den Ethnologen und den Historikern gebrandmarktes Phänomen: Marc Bloch spottete über jene Gelehrten, die mit viel Scharfsinn

opérateur). Les fonctions dont on pourvoit l'écriture à sa naissance peuvent être de cet ordre, il ne faut pas l'oublier.

Ainsi, dire, comme la plupart des historiens ou des archéologues, que la fonction originelle de l'écriture (ce pour quoi elle a été inventée) a été de toute évidence la «communication», entraîne à bien des embarras, à bien des étonnements: s'il s'agit de «communiquer» – et bien entendu le plus clairement et le plus rapidement possible –, comment expliquer que certains peuples (les Sumériens, les Akkadiens) aient inventé des écritures «abstraites, difficiles» (le cunéiforme), alors que le pictogramme, réputé antérieur, était si «clair»? On voit dans cet étonnement (au moins a-t-il le mérite d'être avoué) la projection de plusieurs valeurs peut-être entièrement modernes: la bonne communication, la clarté, l'efficacité, l'abstraction: le scribe mésopotamien du IIIe millénaire est affublé des mêmes besoins, des mêmes qualités qu'un secrétaire de direction capitaliste.

über das Datum eines Ereignisses spekulieren, sobald es aber sich darum handelt, seine Triebfedern ausfindig zu machen, nicht zögern, zur abgenutztesten und problematischsten Psychologie zu greifen. Kurz, es gibt einen (rasch erreichten) Augenblick, da das Wissen mythologisch wird (indem es unbewusst die Projektionen, die Konstruktionen seines Vermittlers befördert). Die Funktionen, mit denen man die Schrift bei ihrer Entstehung ausstattet, können eben dieser Art sein, wie man nicht vergessen sollte. Wenn man also wie die Mehrzahl der Archäologen oder Historiker sagt, dass die ursprüngliche Funktion der Schrift (das, wofür sie erfunden worden ist) zweifellos die „Kommunikation" sei, zieht das manche Verlegenheit und einiges Erstaunen nach sich: wenn es sich nämlich darum handelt zu „kommunizieren" – wohlgemerkt: so klar und so rasch wie möglich –, wie erklärt sich dann, dass manche Völker (die Sumerer, die Akkadier) „abstrakte, schwierige" Schriften erfunden haben (die Keilschrift), während das für älter gehaltene Piktogramm so „klar" war? Man sieht in diesem Erstaunen (das wenigstens den Vorzug hat, eingestanden zu werden) die Projektion verschiedener, vielleicht ganz und gar moderner Werte: die gute [rasche] Kommunikation, die Klarheit, die Effizienz, die Abstraktheit: der mesopotamische Schreiber des 3. Jahrtausends ist mit denselben Bedürfnissen, denselben Eigenschaften ausgestattet wie eine kapitalistische Chefsekretärin.

Indice.

L'idée d'attribuer une valeur indicielle à l'écriture manuscrite est, bien entendu, récente. Pour croire que l'écriture puisse «révéler» la «personnalité» d'un sujet ou d'une époque, il fallait d'une part que le manuscrit pût s'opposer à l'imprimé (avant le livre, l'écriture ne pouvait être qu'artisanale, laborieuse, produite dans des ateliers selon des codes fixes de production), c'est-à-dire que le «spontané», l'«humain» pût se démarquer du «mécanique», et d'autre part, qu'il y eût une idéologie de la personne définie, identifiée par des traits individuels, ce qui n'a pu se faire que dans le champ d'une «psychologie». La supputation indicielle de l'écriture (l'écriture comme indice *d'autre chose*) est donc proprement idéologique: liée à une idéologie moderne de la personne et de la science: ce sont des savants qui ont soutenu que l'écriture médiévale était «lourde et anguleuse» en Allemagne, «étroite et aiguë» en Angleterre – ces apparences renvoyant au caractère «bien connu» des Allemands et des Anglais; ce sont des éducateurs bien intentionnés qui ont voulu respecter dans l'écriture les marques de la «personnalité»; et c'est une science que prétend être la graphologie, science platement analogique: elle joue sur les mots: une écriture «molle» renvoie à un caractère «mou»; et ces jeux de mots, d'une indigente légèreté, fondent un système répressif:

Indiz.

Die Idee, der Handschrift den Wert eines Indizes einzuräumen, ist selbstredend jüngeren Datums. Um glauben zu können, dass die Schrift die „Persönlichkeit" eines Subjekts oder einer Epoche zu „enthüllen" vermag, musste das Manuskript einerseits in Gegensatz zum Druckwerk treten (vor dem Buch konnte die Schrift nur handwerklich, mühsam sein, nach festen Produktionscodes in Werkstätten hergestellt), das heißt: das „Spontane", „Menschliche" konnte sich vom „Mechanischen" abheben; und andererseits musste es eine Ideologie der durch individuelle Züge definierbaren, identifizierbaren Person geben, was aber nur auf dem Felde einer „Psychologie" möglich war. Die indizielle Würdigung der Schrift (die Schrift als Indiz für *etwas anderes*) ist also ideologisch im eigentlichen Sinne: an eine moderne Ideologie der Person und der Wissenschaft geknüpft: es waren Gelehrte, die verfochten haben, dass die mittelalterliche Schrift „schwerfällig und kantig" in Deutschland, „eng und spitz" in England sei – wobei diese Äußerlichkeiten auf den „sattsam bekannten" Charakter der Deutschen und der Engländer verwiesen; es waren wohlmeinende Erzieher, die in der Schrift die Zeichen der „Persönlichkeit" achten wollten; und es ist eine Wissenschaft, wie das die Graphologie zu sein behauptet, eine platt analoge Wissenschaft: sie spielt mit Worten: eine „weiche" Schrift ver-

on condamne, on embauche au vu d'une écriture. Au vrai, l'écriture n'est aujourd'hui l'indice que de ceci: la réalité de classe. Ce sont les niveaux de culture – et donc les distinctions sociales – qui se lisent dans l'écriture, non de chacun, mais du groupe auquel chacun appartient.

(Hier, j'ai entendu à la Télévision, au cours d'une sorte d'enquête policière, l'analyse graphologique d'une lettre de Beethoven – lettre à l'Immortelle Bien-Aimée: le savant y déchiffrait la «sincérité» du musicien; déchiffrement qui reposait sur une série de préjugés grossiers, d'impostures objectives: que la rapidité d'une écriture dénote son impatience, que l'impatience dénote la spontanéité, que la spontanéité dénote la sincérité ; que la «sincérité» d'un sujet, enfin, soit quelque chose d'autre qu'une vieillerie psychologique, que l'analogie soit un principe suffisant d'explication et bien plus encore que cette analogie rapproche des termes incertains [l'«impatience» d'un graphisme, la «sincérité» d'un amoureux], voilà ce qu'on décréterait en d'autres temps parfaitement *magique*: mais, de la magie, nous ne gardons que le pire: sa prétention à la «vérité»).

weist auf einen „weichen“ Charakter; und diese Wortspiele von kümmerlicher Seichtheit begründen ein repressives System: man verurteilt, man nimmt Einstellungen vor nach Maßgabe einer Schrift. In Wahrheit ist die Schrift heutzutage nur ein Indiz für: die Realität der Klasse. Es sind die Kulturniveaus – und damit die sozialen Unterschiede –, die sich aus der Schrift ablesen lassen, nicht eines jeden, wohl aber der Gruppe, der er angehört.
(Gestern habe ich im Fernsehen, im Laufe einer Art polizeilicher Ermittlung, die graphologische Analyse eines Briefes von Beethoven vortragen hören – Brief an die Ferne Geliebte: der Fachmann entzifferte darin die „Aufrichtigkeit“ des Musikers; eine Entzifferung, die auf einer Reihe von plumpen Vorurteilen basierte, von objektiven Täuschungen: dass die Raschheit einer Schrift ihre Ungeduld verrät, dass die Ungeduld die Spontaneität verrät, dass die Spontaneität die Aufrichtigkeit verrät; dass schließlich die „Aufrichtigkeit“ eines Subjekts etwas anderes ist als psychologischer Trödelkram, dass die Analogie ein hinreichendes Erklärungsprinzip ist und, mehr noch, dass diese Analogie unbestimmte Termini einander annähert [die „Ungeduld“ eines Graphismus, die „Aufrichtigkeit“ eines Liebenden], also das, was man in früheren Zeiten als ganz und gar *magisch* dekretiert hätte: aber von der Magie behalten wir nur das Schlimmste: ihren Anspruch auf „Wahrheit“.)

Mutations.

Les grandes mutations sont liées, non à des événements historiques solennels, mais à ce que l'on pourrait appeler des ruptures de discursivité, c'est-à-dire ce que l'on nomme communément des Renaissances: il y a mutation générale d'un système de valeurs et l'écriture est prise dans cette conversion parce qu'il faut à ces nouvelles valeurs un nouveau régime de production et de diffusion. A la Renaissance du XIIe siècle correspond la mise au point de l'écriture dite gothique et sa généralisation européenne; à la grande Renaissance (du XVe siècle) correspond le passage du manuscrit au livre; et aujourd'hui, où la crise des valeurs humanistes est incontestée, une nouvelle écriture se cherche, se travaille: celle des images et des sons.

Oral/écrit.

Nos historiens et nos linguistes, on le sait, présentent volontiers l'écriture comme une simple transcription du langage oral. L'anthropologie, cependant, nous rappelle la différence en quelque sorte ontologique de ces deux communications. Il y a eu en fait deux langages dépendant de deux zones différentes du cortex: l'un est celui de l'audition, «lié à l'évolution des territoires coordinateurs des sons»; l'autre est celui de

Mutationen.

Die großen Mutationen sind nicht mit feierlichen historischen Ereignissen, sondern mit etwas verknüpft, das man Diskursivitätsbrüche nennen könnte, das heißt mit dem, was gemeinhin als Renaissance bezeichnet wird: es kommt zu einer allgemeinen Mutation eines Wertesystems, und die Schrift ist in diese Wandlung einbezogen, weil diese neuen Werte auch eines neuen Produktions- und Diffusionssystems bedürfen. Mit der Renaissance des 12. Jahrhunderts korrespondiert die Entwicklung der so genannten gotischen Schrift und ihre Verbreitung in Europa; mit der großen Renaissance (des 15. Jahrhunderts) korrespondiert der Übergang vom Manuskript zum Buch; und heute, da die Krise der humanistischen Werte unbestreitbar ist, wird eine neue Schrift gesucht und erarbeitet: die der Bilder und Töne.

Mündlich/schriftlich.

Unsere Historiker und Linguisten präsentieren, wie man weiß, die Schrift gern als einfache Transkription der mündlichen Sprache. Gleichwohl erinnert uns die Anthropologie an den gewissermaßen ontologischen Unterschied dieser beiden Kommunikationsformen. Es hat in der Tat zwei Sprachen gegeben, die von zwei verschiedenen Zonen des Cortex abhängen: die eine ist die des Gehörs und „mit der Evolution

la vision, «lié à la coordination des gestes, traduits en symboles matérialisés graphiquement». Lorsque le graphisme est apparu, il s'est produit un nouvel équilibre entre la main et la face (elles s'étaient libérées l'une en même temps que l'autre, l'une par l'autre): la face a eu son langage (celui de l'audition et de la locution), la main a eu le sien (celui de la vision et du tracé gestuel).

Il est nécessaire de rappeler, chaque fois qu'il est possible, la disparité et, si l'on peut dire, l'indépendance (en bien des cas) de ces deux langages: le second ne dérive pas purement et simplement du premier: le croire, le dire, le laisser entendre, comme allant de soi, est un effet de ce qu'on pourrait appeler l'*illusion alphabétique* – la nôtre – puisque l'alphabet – mais non l'idéogramme, rappelons-le encore – traduit par les lettres les sons du langage. Par exemple, dans les rites religieux de la Chine ancienne, il y avait une spécialisation antagoniste de la parole et de l'écrit: par la parole, on s'adressait de préférence aux divinités du monde visible, aux ancêtres-dieux, aux démons bienfaisants; par l'écrit, on s'adressait aux puissances punitives et vengeresses du monde chtonien. Par la suite, dans cette même Chine, la langue écrite, se sécularisant, s'est enrichie considérablement; elle est devenue dépositaire de tout l'héritage intellectuel et elle a repoussé la langue parlée, la réduisant à l'expression des banalités quotidiennes. A l'inverse, dans l'Inde,

der Koordinationsbereiche der Laute verknüpft"; die andere ist die der visuellen Wahrnehmung und „mit der Koordination der Gesten verknüpft, übersetzt in graphisch materialisierte Symbole". Als der Graphismus auftauchte, hat sich ein neues Gleichgewicht zwischen Hand und Gesicht eingestellt (sie hatten sich gleichzeitig freigesetzt, die eine durch die andere): das Gesichtsfeld hat seine eigene Sprache gehabt (die des Gehörs und des Gesprächs), die Hand ihre andere (die der visuellen Wahrnehmung und des gestischen Verlaufs).*

Es ist unabdingbar, wo immer möglich an die Disparität und, wenn man so sagen kann, die Unabhängigkeit (in vielen Fällen) dieser beiden Sprachen zu erinnern: die zweite leitet sich nicht schlicht und einfach aus der ersten her; das Glauben, das Sagen, das Zu-verstehen-Geben als Selbstverständlichkeit ist eine Auswirkung dessen, was man die – unsere – *alphabetische Illusion* nennen könnte, weil das Alphabet – aber nicht das Ideogramm, noch einmal sei's gesagt – die Laute der Sprache anhand von Buchstaben ausdrückt. In den religiösen Riten des alten China gab es beispielsweise eine antagonistische Spezialisierung der Rede und der Schrift: mittels der Rede wandte man sich mit Vorliebe an die Gottheiten der sicht-

* Vgl. zu dem hier exponierten Sachverhalt der zwei Sprachen das indirekt zitierte Buch von André Leroi-Gourhan, *Le Geste et la parole.* Paris 1964, S. 270 (dt. *Hand und Wort.* Frankfurt/M. ³1984, S. 246). [A.d.Ü.]

c'est la langue orale qui a reçu toute la charge religieuse et culturelle: d'une part, les formules védiques, si l'on venait à les écrire, devaient être représentées dans leur prononciation réelle, exacte (la prononciation avait une importance religieuse telle que, dans les procès de sorcellerie, au lieu de brûler le sorcier, on lui cassait une ou deux incisives); et d'autre part, toujours en Inde, le savoir n'était pas du tout lié à l'écriture; il s'enregistrait au prix d'un gros effort de mémoire et se transmettait oralement: les analphabètes (gros paradoxe à nos yeux) n'y étaient donc pas sans instruction. Et nous? Bien que notre écriture soit multifonctionnelle, elle reste coupée de notre parole, et par la structure (lexique, syntaxe) et par l'usage social: nous possédons bien deux langues, un peu comme, au Moyen Age, on parlait séparément, selon les cas et les classes, le latin et le français; seule une classe particulière, l'intelligentsia, manie une sorte d'idiome syncrétique, qui est de la parole écrite ou de l'écriture parlée (et, à vrai dire, ni l'une ni l'autre): on demande sans cesse à l'intellectuel de transcrire l'exposé oral qu'il a fait, comme si cela ne devait poser aucun problème – en vertu sans doute du mythe selon lequel le langage ne fait que traduire la pensée et en est, si l'on peut dire, l'instrument indifférencié; et comme l'intellectuel est supposé penser, peu importe le langage – oral ou écrit – dont il se sert.

baren Welt, an die Ahnengötter, an die wohltätigen Dämonen; mittels der Schrift dagegen an die strafenden und rächenden Mächte der chthonischen Welt. In der Folge hat sich die geschriebene Sprache in eben diesem China durch Säkularisierung beträchtlich erweitert; sie ist zur Hüterin und Verwahrerin des ganzen intellektuellen Erbes geworden und hat die gesprochene Sprache zurückgedrängt, indem sie sie auf den Ausdruck alltäglicher Banalitäten reduzierte. Umgekehrt war es in Indien die mündliche Sprache, die die ganze religiöse und kulturelle Last zu tragen hatte: einerseits mussten die vedischen Formeln, wenn man sie schreiben wollte, in ihrer wirklichen Aussprache repräsentiert werden (die Aussprache hatte eine religiöse Bedeutung, dergestalt, dass man bei Hexenprozessen, anstatt den Hexer zu verbrennen, ihm einen oder zwei Schneidezähne herausbrach), und andererseits war, noch immer in Indien, das Wissen durchaus nicht mit der Schrift verknüpft; es wurde um den Preis einer großen Gedächtnisleistung aufgezeichnet und mündlich weitergegeben: die Analphabeten (in unseren Augen ein plumpes Paradoxon) waren dort nicht gänzlich ohne Bildung. Und wir? Obwohl unsere Schrift multifunktional ist, bleibt sie von der Rede abgeschnitten, sowohl durch die Struktur (Lexik, Syntax) als auch durch den sozialen Gebrauch: wir besitzen geradezu zwei Sprachen, etwa so wie man im Mittelalter, je nach den

L'anthropologie nous suggère autre chose: le pré-graphisme des cavernes organisait ses figures d'une façon rayonnante (sans doute un peu à la manière de nos bandes dessinées); on peut comprendre que ces assemblages symboliques fonctionnaient fatalement en coordination avec un contexte oral. C'est donc tout le rapport *syntagmatique* de l'oral et de l'écrit qui était déjà posé. Ce rapport, nous avons toujours tendance à le penser sous la forme d'un déséquilibre: tantôt l'image, pensons-nous, ne fait qu'*illustrer* la parole, tantôt, à l'inverse, la parole ne fait en quelque sorte que *légender* l'image. Il sera sans doute plus juste de dire (et ce devrait être l'objet d'analyses ultérieures) que le lien de l'image (ou de sa suite, l'écriture) et de la parole, est un lien statutaire: à travers ces deux langages, le corps se distribue à égalité: il spécifie ses fonctions (techniques ou névrotiques) selon la main et la face, la vision et le geste, mais en somme – et ce serait le dernier acquis anthropologique de l'humanité – jamais l'une sans l'autre. C'est pourquoi – peut-être – il est peu raisonnable d'attendre de la civilisation à venir un impérialisme de la parole et une disparition de l'écriture: ce serait en tout cas un avenir assurément *barbare*.

Umständen und Klassen, das Lateinische und das Französische getrennt benutzte; einzig eine besondere Klasse, die Intelligentsia, handhabt eine Art synkretistisches Idiom, das aus der geschriebenen Rede und der gesprochenen Schrift besteht (und genau genommen weder das eine noch das andere ist): man verlangt vom Intellektuellen unaufhörlich, das mündliche Exposé, das er liefert, zu transkribieren, so als ob das gar kein Problem darstellte – zweifellos kraft des Mythos, dem zufolge die Sprache lediglich das Denken wiedergibt und, wenn man so sagen darf, sein undifferenziertes Instrument ist; und da der Intellektuelle als Denker gilt, kommt es wenig auf die Sprache – mündlich oder schriftlich – an, deren er sich bedient.

Die Anthropologie legt uns eine andere Vermutung nahe: der Prä-Graphismus der Höhlen organisierte seine Figuren strahlenförmig (zweifellos ein wenig nach Art unserer Comic strips): verständlicherweise funktionierten diese symbolischen Verbindungen unvermeidlich in Koordination mit einem mündlichen Kontext. Es war also bereits die gesamte *syntagmatische* Beziehung von Mündlichkeit und Schrift im Spiel. Wir neigen immer dazu, uns diese Beziehung in Gestalt eines Ungleichgewichts vorzustellen: bald, denken wir, *illustriert* das Bild lediglich die Rede, bald liefert die Rede umgekehrt nur *Legenden* zum Bild. Richtiger wäre es sicherlich zu sagen (aber das muss spä-

Origine.

L'origine de l'écriture a fait, comme il se doit, l'objet de discours mythiques: ce sont des dieux ou des héros qui l'ont apportée aux hommes: Thot, Cadmos, Palamède, Simonide de Céos, l'ange Raziel; seuls les dieux de l'ancienne Chine ont vu d'un mauvais œil l'invention de l'écriture par l'homme: lorsque Kan-Ji inventa les idéogrammes, les dieux pleurèrent. Et même lorsque ce furent des savants qui traitèrent (au siècle dernier) de l'histoire de l'écriture, le rêve originel ne disparut pas complètement: on s'ingénia à postuler une origine commune aux écritures de l'Ancien Monde (sumérien, proto-élamite, égyptien, proto-indien,

teren Analysen überlassen bleiben), dass das Band zwischen Bild (oder seiner Folge, der Schrift) und Rede ein regelgerechtes Band ist: durch diese beiden Sprachen verteilt sich der Körper gleichmäßig: er spezifiziert seine (technischen oder neurotischen) Funktionen je nach Hand oder Gesicht, nach visueller Wahrnehmung oder Geste, aber insgesamt – und das wäre der letzte anthropologische Erwerb der Menschheit – nie eine ohne die andere. Eben deshalb ist es – vielleicht – wenig vernünftig, von einer künftigen Zivilisation einen Imperialismus der Rede und ein Verschwinden der Schrift zu erwarten: das wäre jedenfalls eine sicherlich *barbarische* Zukunft.

Ursprung.

Der Ursprung der Schrift ist, wie es sich gebührt, Gegenstand mythischer Diskurse gewesen: es waren Götter oder Helden, die sie den Menschen gebracht haben: Thot, Kadmos, Palamedes, Simonides von Keos, der Engel Raziel; einzig die Götter des alten China haben die Erfindung der Schrift durch den Menschen mit argwöhnischen Blicken begleitet: als Kan-Ji die Ideogramme erfand, weinten sie. Und selbst als (im letzten Jahrhundert) Gelehrte die Geschichte der Schrift behandelten, verschwand der ursprüngliche Traum nicht völlig: man bemühte sich, einen gemeinsamen Ursprung für die Schriften der Alten Welt (die sumerische,

chinois), ou encore à imaginer un proto-sumérien pictographique d'où toutes les écritures seraient descendues.

Voici une autre origine, considérée comme tout à fait fantaisiste par les savants, mais douée à mes yeux d'une grande force mythique (étant entendu qu'il s'agit d'un mythe moderne, celui qui éclaire d'une lumière vive nos théories actuelles du signe). Pour le père Jacques Van Ginneken, jésuite, le premier langage de l'humanité a été un langage par gestes; ce langage gestuel était déjà conventionnel (on le retrouverait dans les idéogrammes, transcription graphique de ce qui – quoique hors de la parole – était déjà un code: le geste social). Tardivement, bien plus tardivement que la science ne le suppose, notre langage articulé (facial) serait né, d'abord sous la forme de *clics* (les clics sont ces phonèmes particuliers que l'on rencontre dans les langues sud-africaines et caucasiennes et qui sont analogues aux sons buccaux des nourrissons lorsqu'ils tètent), puis, par morcellement de ces clics, sous la forme de groupes de consonnes (les voyelles n'étant d'abord que des sortes de tampons neutres, sans timbre); la promotion de la voyelle dans le langage, pour le père Van Ginneken, et l'apparition de l'écriture se placeraient entre l'ère des gestes et celle des clics; autrement dit (proposition exorbitante), *l'écriture serait antérieure au langage oral.* Scientifiquement, cette hypothèse est gratuite; elle n'en appelle pas

proto-elamitische, ägyptische, proto-indische, chinesische) zu postulieren oder sich gar eine proto-sumerische Piktographie vorzustellen, aus der dann alle Schriften entstanden wären.
Hier ein anderer Ursprung, von den Gelehrten als gänzlich phantasieentsprungen betrachtet, in meinen Augen aber mit großer mythischer Kraft ausgestattet (wohlgemerkt: es handelt sich um einen modernen Mythos, einen, der unsere gegenwärtigen Theorien des Zeichens mit hellem Licht beleuchtet). Für Pater Jacques Van Ginneken, einen Jesuiten, ist die erste Sprache der Menschheit eine Gebärdensprache gewesen; diese gestische Sprache war bereits konventionell (man fand sie in den Ideogrammen wieder, der graphischen Transkription dessen, was – wenn auch außersprachlich – bereits ein Code war: die soziale Geste). Später dann, sehr viel später, als die Wissenschaft glaubt, entstand unsere artikulierte (faziale) Sprache, zunächst in Gestalt der *clics* (die clics sind jene besonderen Phoneme, denen man in den südafrikanischen und kaukasischen Sprachen begegnet und die den Schmatzlauten der Kleinkinder analog sind, wenn sie saugen), dann, durch Zerstückelung dieser clics, in Gestalt von Konsonantengruppen (die Vokale waren zunächst nur eine Art von neutralen, stimmlosen Tupfern); der Aufstieg des Vokals in der Sprache und das Auftauchen der Schrift vollzogen sich für Pater Van Ginneken in der Phase zwischen der Ära der Gesten und der der clics; anders

moins l'attention sur des faits très probables: le passage *direct* du geste à l'idéogramme (sans passer par le relais du langage phonétique), l'existence même d'un véritable code gestuel (le geste n'étant plus alors considéré comme l'expression «naturelle», «réaliste» de l'action), l'enclenchement des codes entre eux (code sur code, et non code sur réel), l'origine très lointaine de l'écriture, beaucoup plus lointaine qu'on ne dit.

Voici encore une vue nouvelle (celle-ci fort scientifique) sur l'origine de l'écriture. Leroi-Gourhan distingue soigneusement le graphisme de l'écriture. L'écriture, elle, on le sait, est attestée dès le IIIe millénaire avant J.-C.; mais le graphisme daterait de la fin du Moustérien (environ 35 000 ans avant J.-C.) ; il serait contemporain des premiers colorants (ocre et manganèse) et des objets de parure. Le graphisme, ce sont, en dehors de toute sémantique constituée, des lignes, des traits gravés sur l'os ou la pierre, de petites incisions équidistantes. Nullement figuratives, ces traces n'ont pas de sens précis: ce sont, semble-t-il, des manifestations rythmiques (peut-être de caractère incantatoire). Autrement dit, le graphisme débute, non par l'imitation du réel, mais par l'abstraction.

ausgedrückt (eine exorbitante Vermutung): *die Schrift wäre somit der mündlichen Sprache vorausgegangen.* Wissenschaftlich ist diese Hypothese aus der Luft gegriffen: dennoch lenkt sie die Aufmerksamkeit auf sehr wahrscheinliche Fakten: nämlich den *direkten* Übergang von der Geste zum Ideogramm (ohne die Zwischenstufe der phonetischen Sprache), sogar auf die Existenz eines wirklichen gestuellen Codes (wobei die Geste dann nicht mehr als „natürlicher", „realistischer" Ausdruck des Handelns betrachtet wird), auf die Verflechtung der Codes untereinander (Code mit Code, und nicht Code mit Realem) und auf den sehr fernen Ursprung der Schrift, viel ferner, als man annimmt.
Und noch eine neue (diesmal streng wissenschaftliche) Sicht in Bezug auf den Ursprung der Sprache. Leroi-Gourhan unterscheidet sorgfältig zwischen Graphismus und Schrift. Die Schrift ist, wie man weiß, seit dem 3. Jahrtausend v. Chr. bezeugt; der Graphismus aber datiert vom Ende des Moustérien (ungefähr 35 000 Jahre v. Chr.); er wäre damit Zeitgenosse der ersten Farbstoffe (Ocker und Mangan) und Schmuckgegenstände. Der Graphismus – das sind, jenseits aller konstituierten Semantik, auf Knochen oder Stein gezogene Linien und Striche, kleine abstandsgleiche Einkerbungen. Durchaus nicht figurativ, haben diese Striche keinen genauen Sinn: es sind allem Anschein nach rhythmische Äußerungen (vielleicht mit

On le voit, dans ces mythes de l'origine (toute origine est mythique: l'origine, c'est le mythe même), deux directions s'affrontent: l'une fait de l'écriture une dérivée de la figure (par le geste et l'idéogramme), l'autre confère au signe abstrait (signe au besoin sans contenu) une sorte d'origine absolue, dont la figuration ne serait qu'un dérivé très tardif. Ce sont en quelque sorte deux corps qui sont ici imaginés: l'un, plus fétichiste, découpe le geste et le figure, l'autre, plus obsessionnel, imprime à la pierre le rythme pur du trait répété. De toutes manières, les liens originels de l'écriture et de l'art (figuratif ou abstrait) sont évidents.

Personne.

L'écriture, expression de la personnalité? Vraiment? J'ai moi-même trois écritures, selon que j'écris des textes, que je prends des notes, ou que je fais ma correspondance. Et qu'on ne dise pas que certaines lettres y sont de même forme: mon désir ne s'inscrit pas dans le code qu'on m'a appris ou que je me suis imposé, mais dans l'image du lecteur que je me suppose: nulle

Beschwörungscharakter). Anders ausgedrückt, der Graphismus beginnt nicht mit der Nachahmung des Realen, sondern mit der Abstraktion.
Wie man sieht, stehen sich in diesen Ursprungsmythen (jeder Ursprung ist mythisch: der Ursprung ist der Mythos selbst) zwei Richtungen gegenüber: die eine macht die Schrift zu einem Abkömmling der Gestalt (durch Geste und Ideogramm), die andere legt dem abstrakten (notfalls inhaltslos bezeichneten) Zeichen eine Art absoluten Ursprung bei, bei dem die Figuration dann nur ein sehr später Abkömmling wäre. Es sind gewissermaßen zwei Körper, die hier vorgestellt werden: der eine, eher fetischistisch, löst die Gebärde von der Figur, der andere, eher zwanghaft, kerbt dem Stein den reinen Rhythmus des wiederholten Striches ein. Jedenfalls sind die ursprünglichen Beziehungen zwischen Schrift und (gegenständlicher oder abstrakter) Kunst evident.

Person.

Die Schrift, Ausdruck der Persönlichkeit? Wirklich? Ich selbst habe drei Schriften, je nachdem, ob ich Texte schreibe, mir Notizen mache oder meine Korrespondenz erledige. Und damit man nicht sagt, manche Briefe hätten dieselbe Form: meine Begierde schreibt sich nicht in den Code ein, den man mir beigebracht hat oder den ich mir auferlege, sondern in das Bild

dans le cas des notes, personnalisée dans le cas des missives, eidétique (ce n'est pas la moins exigeante) dans le cas du texte.

Savoirs.

Que savons-nous de l'écriture? Bien des savoirs y sont investis, entre autres: I. *L'Histoire*, qui nous dit quand et comment les écritures sont nées, quand et comment elles se sont différenciées, étendues, unifiées, quels rapports elles ont pu avoir avec certaines formes de civilisation; II. *La physiologie*, qui nomme et mesure scientifiquement tous les gestes, musculaires, fort nombreux, qui composent l'acte d'écrire; III. *La psychologie* qui, sous le nom de graphologie, tient la lettre écrite pour l'indice d'un trait de caractère; IV. *La science pénale*, qui cherche à expertiser les écritures, à déceler les copies, les truquages, les faux; V. *La symbolique*, qui recense les significations religieuses, métaphysiques ou baroques dont les hommes, de tout temps, depuis qu'ils écrivent, ont surchargé les codes d'écriture.
Ce savoir est hétéroclite (et au reste très rarement lié): le savoir historique, qui est de beaucoup le plus copieux, est d'inspiration positiviste: manié par des archéologues, des paléographes, il privilégie l'apparition des alphabets et des types de lettres, et se risque rarement à suggérer les liens de l'écriture et de la civili-

des Lesers, den ich mir vor Augen halte: nichtig im Falle der Notizen, personalisiert im Falle der Briefe, eidetisch (das ist nicht im mindesten anspruchsvoll) im Falle des Textes.

Wissensgebiete.

Was wissen wir von der Schrift? Viele Wissensdisziplinen sind damit befasst, unter anderen: I. die *Geschichte*, die uns sagt, wie und wann die Schriften entstanden sind, wie und wann sie sich ausdifferenziert, verbreitet, vereinheitlicht haben, welche Beziehungen sie zu bestimmten Zivilisationsformen unterhalten mochten; II. die *Physiologie*, die alle die muskulären, überaus zahlreichen Gesten wissenschaftlich benennt und bemisst, die im Akt des Schreibens zusammenwirken; III. die *Psychologie*, die, unter dem Namen Graphologie, den geschriebenen Buchstaben für das Indiz eines Charakterzuges hält; IV. die *Kriminalistik*, die die Handschriften zu begutachten, die Kopien, die Fälschungen, die Fehler herauszufinden versucht; V. die *Symbolik*, die die religiösen, metaphysischen oder barocken Bedeutungen erfasst, mit denen die Menschen zu allen Zeiten die Schriftcodes überfrachtet haben, seit sie schreiben.
Dieses Wissen ist heteroklit (und überdies sehr selten verkettet): das historische Wissen, das bei weitem reichhaltigste, ist vom Positivismus inspiriert: von den Archäologen, den Paläogra-

sation (décrite alors en termes de psychologie courante); le savoir physiologique, purement descriptif, est presque uniquement tautologique («la flexion consiste à fléchir le doigt», etc.); le savoir pénal serait purement technique si par bonheur il ne jetait souvent une lumière indiscrète sur les avatars de la propriété et donc des régimes sociaux; le savoir psychologique et le savoir symbolique (aucune raison de les séparer nettement) sont purement postulatifs, posant en preuve suffisante toute *analogie* entre un signifant (l'écriture) et un signifié (tel caractère, telle croyance). En somme, il faut bien le dire, le savoir scriptural oscille entre un scientisme étroit et une métaphysique débile. Serait-ce donc que ce savoir est *difficile*? peut-être même *problématique*? affronté à des résistances, à des censures? Aussi, plutôt que de résumer ce savoir, on se contente ici de lui poser des questions et d'esquisser la mythologie épistémologique qu'il entretient autour de l'écriture.

phen gehandhabt, privilegiert es das Auftauchen der Alphabete und der Brieftypen und wagt sich selten so weit vor, die Verbindungen zwischen Schrift und (überdies im Sinne der gängigen Psychologie erfasster) Zivilisation erahnen zu lassen; das physiologische Wissen, rein deskriptiv, ist beinahe ausschließlich tautologisch („die Flexion besteht darin, den Finger zu beugen“ usw.); das kriminalistische Wissen bliebe rein technisch, wenn es zum Glück nicht manchmal ein indiskretes Licht auf die Wandlungen des Eigentumsbegriffs und der sozialen Regimes würfe; das psychologische und das symbolische Wissen (keinerlei Grund, sie reinlich zu scheiden) verfahren rein behauptend, wenn sie jede *Analogie* zwischen einem Signifikanten (die Schrift) und einem Signifikat (dieser Charakter, jener Glaubensinhalt) als hinreichenden Beweis gelten lassen. Kurzum, das skripturale Wissen oszilliert offensichtlich zwischen engem Szientismus und debiler Metaphysik. Träfe es also zu, dass dieses Wissen *schwierig* ist? Vielleicht sogar *problematisch*? Widerständen, ja Zensuren ausgesetzt? Anstatt dieses Wissen zu resümieren, begnügt man sich deshalb hier damit, ihm Fragen zu stellen und die epistemologische Mythologie zu skizzieren, die es im Umkreis der Schrift pflegt.

Transcriptions.

Il existe chez les linguistes ce qu'il faut bien appeler un mythe de l'ecriture: à savoir qu'elle n'est qu'un procédé dont on se sert pour «immobiliser, fixer le langage articulé, fugitif dans son essence»; forts de ce préjugé transcriptionniste, les linguistes peuvent affirmer que «le code écrit est secondaire par rapport au code oral qu'est la langue»: autrement dit, l'écriture est hors de la linguistique.
C'est là, on l'a vu, limiter intolérablement le phénomène: l'écriture déborde considérablement et, si l'on peut dire; statutairement, non seulement le langage oral, mais le langage lui-même (si, comme le veulent la plupart des linguistes, on l'enferme dans une pure fonction de communication): d'abord parce que son rapport originel au langage oral est en bien des points obscur (l'idéogramme, par exemple, transcrit un geste, lui-même signe d'une action); ensuite parce qu'il est évident que l'écriture a eu et a encore bien d'autres fonctions que communicatives; ensuite parce que, liée à la main, elle reste en quelque sorte physiologiquement coupée de l'appareil facial de la phonation et qu'en conséquence, le corps ne peut s'y engager de la même façon que dans la parole; enfin parce qu'il y a – et il y a toujours eu – une rupture *sociale* entre la parole et l'écriture.

Transkriptionen.

Es gibt bei den Linguisten etwas, das man durchaus einen Mythos der Schrift nennen darf: dass sie nämlich nur ein Verfahren sei, dessen man sich bediene, um die „ihrem Wesen nach flüchtige artikulierte Sprache still zu stellen, zu fixieren“; auf dieses transkriptionalistische Vorurteil gestützt, können die Linguisten behaupten, dass „der geschriebene Code sekundär ist im Verhältnis zum mündlichen Code, wie ihn die Sprache darstellt“; mit anderen Worten: die Schrift steht außerhalb der Linguistik.
Wie man gesehen hat, heißt das das Phänomen unzulässig einengen: die Schrift geht beträchtlich und, wenn man so sagen darf, statutarisch [regelgerecht] nicht nur über die mündliche Sprache hinaus, sondern auch über die Sprache selbst (wenn man sie, wie das die Mehrzahl der Linguisten tut, in einer reinen Kommunikationsfunktion aufgehen lässt): zunächst deshalb, weil ihr ursprünglicher Bezug zur mündlichen Sprache in mancher Hinsicht dunkel ist (das Ideogramm beispielsweise transkribiert eine Geste, die ihrerseits Zeichen einer Handlung ist); und dann, weil es evident ist, dass die Schrift viele andere als nur kommunikative Funktionen gehabt hat und noch hat; und weiter, weil sie, mit der Hand verbunden, gewissermaßen physiologisch vom fazialen Apparat der Lautbildung abgeschnitten

La position de la linguistique à l'égard de l'écriture relève de ce préjugé ethnique que nous pouvons appeler *alphabétocentriste*.

II. Système

Alphabets.

Il y faudrait sans doute beaucoup de patience, mais il est certainement possible de reconstituer le système structural de tous les alphabets. Cela a été esquissé pour notre alphabet latin: entre P et R, par exemple, n'y a-t-il pas présence/absence d'une marque (la queue du R)? Cette marque est exactement le trait pertinent postulé par les linguistes, puisqu'il est le plus petit élément qui détermine une variation certaine de sens; tout alphabet pourrait donc se réduire à un tableau restreint de *graphèmes*, exactement comme les sons signifiants d'une langue se laissent classer sous le nom de phonèmes. Et de même que, si l'on suit Jakobson, il est possible de reconstituer le système général des phonèmes de toutes les langues (une

ist und der Körper sich folglich nicht auf dieselbe Weise einbringen kann wie in der Rede; schließlich deshalb, weil es einen *sozialen* Bruch zwischen Rede und Schrift gibt – und immer gegeben hat.
Die Position der Linguistik in Bezug auf die Schrift gehört in den Bereich jenes ethnischen Vorurteils, das wir *alphabetozentristisch* nennen können.

II. System

Alphabete.

Hier bedürfte es einer Menge Geduld, aber es ist sicherlich möglich, das strukturale System aller Alphabete wiederherzustellen. Für unser lateinisches Alphabet ist das bereits geschehen: liegt beispielsweise zwischen P und R nicht die Präsenz/Absenz eines Markers (der Schwanz des R)? Dieser Marker ist eben der von den Linguisten geforderte triftige Zug, weil es ja das kleinste Element ist, das eine bestimmte Sinn-Abweichung determiniert; jedes Alphabet könnte also auf ein beschränktes Tableau von *Graphemen* reduziert werden, genau wie die signifikanten Laute einer Sprache sich unter dem Namen Phoneme klassifizieren lassen. Und ebenso wie es – wenn man Jakobson folgt – möglich ist, das allgemeine System der Phoneme

trentaine de phonèmes), ainsi il doit y avoir pour tous les alphabets connus un principe unique de classification: traits verticaux, horizontaux, obliques, ronds, demi-ronds, crochets, boucles, et leurs règles de combinaison. Une réserve limitée de formes élémentaires et un ordre de différences, voilà de quoi faire n'importe quel alphabet: chacun peut s'y amuser: Morse ne l'a-t-il pas fait en se servant uniquement de deux formes de base, le point et le trait? Tout alphabet est un *bricolage* – et tout bricolage participe peut-être de l'alphabet, de la langue écrite.
Cependant (je veux dire: en dépit de sa constitution structurale, offerte naturellement à l'analyse), tout alphabet a dans son ensemble une individualité formelle, une unité esthétique: on le *reconnaît*: les runes scandinaves imposent dans leur suite un thème élongé, étroit, anguleux; l'écriture nagari soumet tous ses signes à une forme obsessionnelle, la potence. Tout alphabet est un équilibre: d'une part, aucun signe ne s'y répète (c'est une suite close de *hapax*), et d'autre part, l'ensemble (par son parti esthétique) fonctionne à son tour comme un signe unique, opposé à tous les autres alphabets. La figuration d'un alphabet dans sa suite constitue un véritable spectacle: intelligible et beau. Je ne connais pas de livre plus *civilisé* que la collection d'alphabets typographiques (de tous lieux et de toutes époques) présentée par le Cabinet des poinçons de l'Imprimerie nationale (Paris).

aller Sprachen (etwa dreißig Phoneme) zu rekonstituieren, dürfte es für alle bekannten Alphabete ein einziges Klassifikationsprinzip geben: vertikale, horizontale, schräge, runde, halbrunde Striche, Klammern, Schleifen und ihre Kombinationsregeln. Ein begrenzter Vorrat an elementaren Formen und ein Bereich von Differenzen, daraus ließe sich jedes beliebige Alphabet zusammenstellen: jeder kann sich damit die Zeit vertreiben: ist es Morse nicht gelungen, indem er sich einzig und allein zweier Grundformen bediente, nämlich Punkt und Strich? Jedes Alphabet ist eine *Bastelarbeit* – und jede Bastelarbeit partizipiert wahrscheinlich am Alphabet, an der geschriebenen Sprache.
Gleichwohl (ich will sagen: trotz seiner natürlich der Analyse zugänglichen strukturalen Konstitution) hat jedes Alphabet als Ganzes eine formale Individualität, eine ästhetische Einheit: man *erkennt es wieder*: die skandinavischen Runen lassen in ihrer Abfolge einen länglichen, engen, kantigen Aufriss erkennen; die Nagari-Schrift unterwirft alle ihre Zeichen einer zwanghaften Form, der Strebe. Jedes Alphabet ist ein Gleichgewicht: einerseits wiederholt sich kein Zeichen darin (es ist eine geschlossene Folge von *hapax*), andererseits funktioniert das Ganze (durch seinen betont ästhetischen Aspekt) seinerseits wie ein einziges, allen anderen Alphabeten entgegengesetztes Zeichen. Die Figuration eines Alphabetes bildet in seiner Abfolge ein wirkliches

Cependant encore (je veux dire: en dépit de la jouissance attachée à la considération plastique des séries alphabétiques), l'alphabet (comme corps individuel de signes individuels) s'est trouvé pris dans un processus de conversion idéologique. Il n'est pas un savant occidental qui n'attribue une valeur progressive à l'invention des alphabets. Tout se passe pour eux comme s'il était *incontestable* que l'idéogramme constitue un progrès sur le pictogramme, l'alphabet consonantique sur l'idéogramme et l'alphabet vocalique sur le consonantique: c'est donc (CQFD) l'alphabet grec, *notre alphabet*, qui est le terme glorieux de cette ascension de la raison: *c'est nous les meilleurs*, voilà ce que nous faisons dire à notre alphabet; il faut donc ranger parmi les formes les plus insidieuses de cet ethnocentrisme, dont notre propre science se fait trop souvent la servante, ce qu'on a appelé, même si le mot est barbare, un véritable *alphabéto-centrisme*. Peu importe que l'idéogramme (avec les Chinois) ou l'alphabet consonantique (avec les Arabes) aient été et soient encore au service de civilisations aussi grandes que la nôtre, et qui n'ont nulle envie de les abandonner.

Schauspiel: intelligibel und schön. Ich kenne kein *zivilisierteres* Buch als die Sammlung typographischer Alphabete (aller Orte und Zeiten), wie sie das «Cabinet des poinçons» der Imprimerie nationale (Paris) bietet.
Gleichwohl (ich will sagen: ungeachtet des Genusses im Zusammenhang mit der plastischen Betrachtung alphabetischer Serien) hat sich das Alphabet (als individuelles Korpus individueller Zeichen) in einen Prozess ideologischer Wandlung einbezogen gesehen. Es gibt keinen westlichen Gelehrten, der in der Erfindung des Alphabets kein fortschrittliches Moment sähe. Für sie sieht es ganz so aus, als ob es *unbestreitbar* wäre, dass das Ideogramm einen Fortschritt über das Piktogramm hinaus bildet, das konsonantische Alphabet über das Ideogramm und das vokalische Alphabet über das konsonantische: es ist also (*quod erat demonstrandum*) das griechische Alphabet, *unser Alphabet*, das das glorreiche Ende dieses Aufstiegs der Vernunft bezeichnet; *wir sind die besten*, das ist es, was wir unser Alphabet sagen lassen; man muss also zu den heimtückischsten Formen dieses Ethnozentrismus, zu dessen Dienerin sich unsere eigene Wissenschaft nur allzu häufig macht, auch das zählen, was man, auch wenn das Wort barbarisch klingt, einen wirklichen *Alphabetozentrismus* genannt hat. Es verschlägt wenig, dass das Ideogramm (bei den Chinesen) oder das konsonantische Alphabet (bei den Arabern) im Dienste von

Illisible.

Il existe des écritures indéchiffrées (celle de l'île de'Pâques, celle de la vallée de l'Indus); du moins estime-t-on qu'elles voulaient dire quelque chose, que c'est par défaut de notre science que nous ne parvenons pas à les déchiffrer et qu'elles attendent en quelque sorte leur Champollion. Il existe aussi des écritures que nous ne pouvons comprendre et dont cependant on ne peut dire qu'elles sont indéchiffrables, parce qu'elles sont tout bonnement hors du déchiffrement: ce sont les écritures fictives imaginées par certains peintres ou certains sujets (il peut en effet s'agir d'une pratique d'«amateur», située loin de toute carrière artistique: tels les cahiers de graphismes de Mirtha Dermisache). André Masson, par exemple, pendant sa période dite asiatique, a écrit «chinois»; Réquichot a écrit (mais non «rédigé» – et pour cause) des lettres de remerciement, d'insulte, un traité de philosophie de l'art, etc. Or, l'intéressant – le stupéfiant –, c'est que rien, absolument rien, ne distingue ces écritures vraies et ces écritures fausses: aucune différence, sinon de contexte, entre l'indéchiffré et l'indéchiffrable. C'est nous, notre culture, notre loi, qui décidons du statut référent d'une

ebenso großen Zivilisationen wie der unseren gestanden haben und noch stehen, die durchaus keine Lust verspüren, sie aufzugeben.

Unleserlich.

Es gibt nicht-entzifferbare Schriften (die der Oster-Inseln, die des Indus-Tales); wenigstens glaubt man, dass sie etwas sagen wollten, dass wir nur aufgrund unserer unzulänglichen Wissenschaft nicht imstande sind, sie zu entziffern und sie gewissermaßen immer noch auf ihren Champollion warten. Es gibt auch Schriften, die wir nicht verstehen und von denen sich gleichwohl nicht sagen lässt, dass sie nicht-entzifferbar sind, weil sie schlicht und einfach jenseits aller Entzifferung liegen: das sind die fiktiven Schriften, wie sie von manchen Malern oder manchen Außenseitern imaginiert wurden (es kann sich womöglich um eine „Amateur"-Praxis handeln, die fern jeder künstlerischen Praxis angesiedelt ist: so die graphischen Hefte von Mirtha Dermisache). André Masson beispielsweise hat während seiner so genannten asiatischen Periode „chinesisch" geschrieben; Réquichot hat Dankes-, Schmähbriefe, einen kunstphilosophischen Traktat usw. geschrieben (aber nicht „geschrieben" – und aus gutem Grund). Das Interessante aber – das Verblüffende – ist, dass nichts, absolut nichts die wahren Schriften von den falschen Schriften unterscheidet: keinerlei Unterschied, es sei denn im

écriture. Cela veut dire quoi? Que le signifiant est libre, souverain. Une écriture n'a pas besoin d'être «lisible» pour être pleinement une écriture. On peut même dire que c'est à partir du moment où le signifiant (les faux idéogrammes de Masson, les missives impénétrables de Réquichot) se détache de tout signifié et largue vigoureusement l'alibi référentiel, que le texte (au sens actuel du mot) apparaît. Car, pour comprendre ce qu'est le texte, il suffit – mais cela est nécessaire – de *voir* la coupure vertigineuse qui permet au signifiant de se constituer, de s'agencer et de s'éployer sans qu'aucun signifié ne le soutienne plus. Ces écritures illisibles nous disent (et cela seulement) qu'il y a des signes, mais non point de sens.

Invention.

Il y a eu des inventeurs d'écritures: le dieu égyptien Thot, Adam lui-même, à en croire les rabbins, qui eut pour précepteur en cette matière l'ange Raziel; Cadmos, fondateur légendaire de Thèbes, qui aurait apporté l'alphabet phénicien aux Grecs – du moins 16 lettres de cet alphabet; Palamède (qui n'était pas encore le baron de Charlus) en aurait ajouté 4 et Simo-

Kontext, zwischen Nicht-Entziffertem und Nicht-Entzifferbarem. Es sind wir, unsere Kultur, unser Gesetz, die über den Referenzstatus einer Schrift entscheiden. Was soll das heißen? Dass der Signifikant frei ist, souverän. Eine Schrift braucht nicht „lesbar“ zu sein, um eine Schrift im vollen Wortsinne zu sein. Man kann sogar sagen, dass von dem Augenblick an, da der Signifikant (die falschen Ideogramme von Masson, die unergründlichen Briefe von Réquichot) sich von jedem Signifikat löst und das referenzielle Alibi entschieden fahren lässt, der Text (im heutigen Sinne des Wortes) in Erscheinung tritt. Denn um zu verstehen, was der Text ist, genügt es – aber das ist unabdingbar –, den Schwindel erregenden Schnitt zu *sehen*, der dem Signifikanten sich zu konstituieren, sich zu gliedern und sich zu entfalten erlaubt, ohne dass ihn noch irgendein Signifikat stützte. Diese unlesbaren Schriften sagen uns (und nur das), dass es Zeichen gibt, aber keinerlei Sinn.

Erfindung.

Es hat Erfinder von Schriften gegeben: den ägyptischen Gott Thot, Adam selbst, wenn man den Rabbinern glauben will, der als Lehrer in dieser Materie den Engel Raziel hatte; Kadmos, den sagenhaften Gründer von Theben, der den Griechen das phönizische Alphabet gebracht haben soll – zumindest sechzehn Buchstaben dieses Alphabetes; Palamedes (der noch nicht der

nide de Céos 4 autres encore. Plus près de nous et, semble-t-il, moins mythiquement, l'évêque Wulfila aurait inventé au IVᵉ siècle l'écriture gotique (à ne pas confondre avec la gothique), destinée à noter la langue germanique des Gots campés au nord de la mer Noire. Doalu Bukere donna une écriture aux Vaî du Liberia et les Mende du Sierra Leone reçurent une écriture syllabique d'un tailleur qui l'inventa pour eux. L'écriture relève en effet d'une mythologie de l'invention: étant pur système, elle semble dépendre d'un raisonnement de fabrication, d'une ingéniosité d'agencement: c'est en somme, mythologiquement, un gadget.

Lettres.

Certains alphabets ont, paraît-il, une origine magique. Et à son tour, la magie est venue interpréter certaines lettres. Les lettres ont été bien souvent assimilées symboliquement aux éléments du monde (sept voyelles sont par exemple sept planètes); transposer les mots en nombres et spéculer sur ces nombres, c'est la *gématrie*, ou, si l'on complique le jeu, l'*isopséphie* (je donne ces mots pédants pour suggérer le déploiement irrépressible d'un système de savoir à partir d'éléments ténus – les

Baron de Charlus war) soll vier hinzugefügt haben und Simonides von Keos vier weitere. Uns näher und anscheinend weniger mythisch, soll Bischof Wulfila im 4. Jahrhundert die gotische Schrift erfunden haben (nicht zu verwechseln mit der Gotik), dazu bestimmt, die germanische Sprache der im Norden des Schwarzen Meeres niedergelassenen Goten aufzuzeichnen. Doalu Bukere schenkte den Vai von Liberia eine Schrift, und die Mende von Sierra Leone erhielten ihre Silbenschrift von einem Schneider, der sie eigens für sie erfand. Die Schrift fällt in der Tat in den Bereich einer Mythologie der Erfindung: weil sie reines System ist, scheint sie von einer Rationalität der Verfertigung, einem Einfallsreichtum der Gestaltung abzuhängen: kurz, sie ist, mythologisch gesehen, eine Spielerei.

Buchstaben.

Manche Alphabete sind anscheinend magischen Ursprungs. Und die Magie scheint ihrerseits zur Interpretation mancher Buchstaben bereit. Die Buchstaben sind sehr häufig symbolisch mit den Elementen der Welt assimiliert worden (sieben Vokale sind beispielsweise sieben Planeten); die Wörter in Zahlen übersetzen und über diese Zahlen spekulieren, das ist die *Gematrie* oder, wenn man das Spiel komplizieren will, die *Isopsephie* (ich führe diese pedantischen Worte hier ein, um die nicht

lettres – et selon un sens magique). Ces penchants sont-ils si loin de nous? La psychanalyse aujourd'hui voit dans la lettre, bien au-delà de sa fonction rationnelle, une grande médiatrice d'inconscient; je renvoie aux analyses que S. Leclaire a élaborées dans *Psychanalyser* autour de la lettre V (et de W).

La lettre est *précisément* ce qui ne ressemble à rien: c'est son être même d'échapper inflexiblement à toute ressemblance: tout l'effort de la lettre est contre-analogique. C'est là une proposition exorbitante, car tout finit par ressembler à quelque chose (ce qui ne ressemble à rien finit par ressembler à une lettre); il faut donc penser que la lettre ne s'est pas «dégagée» du pictogramme, mais qu'elle s'est plutôt opposée à lui. Et lorsque les hommes, les artistes se sont mis – parfois – à imaginer des lettres figuratives, des lettres alignées, par jeu représentatif, sur des silhouettes humaines ou animales, ils ont accompli une transgression très forte, atteignant d'emblée le point extrême du baroque, cet art maudit (il faut renvoyer ici au livre de Massin, admirable collection de lettres humaines, ou à l'alphabet d'Erté).

zu unterdrückende Entfaltung eines Wissenssystems aus winzigen Elementen – den Buchstaben – und gemäß einem magischen Sinn erahnen zu lassen). Stehen diese Neigungen uns so fern? Die Psychoanalyse sieht heute im Buchstaben, jenseits seines rationalen Funktionierens, einen großen Mittler des Unbewussten; ich verweise auf die Analysen, die S. Leclaire in *Psychanalyser* [1968] zum Buchstaben V (und W) geliefert hat.

Der Buchstabe ist *genau* das, was nichts anderem ähnelt: es macht sogar sein Wesen aus, dass er sich unnachgiebig jeder Ähnlichkeit entzieht: die ganze Anstrengung des Buchstabens ist gegen-analogisch. Das ist eine sehr weit gehende Behauptung, denn alles ähnelt schließlich etwas anderem (was nichts anderem ähnelt, ähnelt wenigstens einem Buchstaben); man muss also annehmen, dass der Buchstabe sich nicht vom Piktogramm „gelöst", sondern sich ihm sogar eher entgegengestellt hat. Und als sich die Menschen, die Künstler – manchmal – daran machten, sich figurative Buchstaben – durch darstellendes Spiel an menschlichen oder tierischen Silhouetten aufgereihte Buchstaben – auszumalen, haben sie eine sehr schwere Übertretung begangen, die umstandslos den Extrempunkt des Barock erreichte, jene „verdammte" Kunst (hier sei auf das Buch von Massin verwiesen, eine bewundernswerte Sammlung von menschlichen Buchstaben, oder auf das Alphabet von Erté).

Majuscule.

La minuscule vient de la majuscule, et non le contraire: c'est une majuscule déformée par la cursivité. Cependant, dès lors qu'elle a pu s'opposer à un autre type de lettre, entrer dans un paradigme, la majuscule a pris «du sens» (comme on prend de l'âge). Ce sens a été celui de l'emphase, de la majesté, de l'essence (toute une métaphysique s'engage dans l'imposition d'une majuscule à l'initiale d'un nom). Il y a donc des cas où la lettre, bien qu'étant en toute rigueur linguistique, unité distinctive, et non significative, est douée d'un sens. C'est ce qui se passe clairement dans l'écriture javanaise; on introduit dans certains mots des lettres comparables à nos majuscules, bien qu'elles soient de grandeur égale aux autres: ces lettres supplémentaires confèrent aux mots qui les recèlent un caractère honorifique ou respectable.

Mapping.

La question que l'on doit toujours poser au langage est celle-ci: comment le langage (telle ou telle langue) découpe-t-il la réalité? Qu'est-ce que, de cette réalité, il découpe? C'est ce qu'on appelle le *mapping*, la carte géographi-

Majuskel.

Die Minuskel kommt von der Majuskel und nicht etwa umgekehrt: es ist eine durch die Kurrentschrift entstellte Majuskel. Gleichwohl hat die Majuskel, sobald sie sich einem anderen Buchstabentyp entgegenstellen und in ein Paradigma eintreten konnte, „Sinn" erreicht (wie man ein bestimmtes Alter erreicht). Dieser Sinn ist der der Emphase, der Majestät, der Essenz gewesen (eine ganze Metaphysik verbirgt sich in der Hinzufügung einer Majuskel zum Initial eines Namens). Es gibt also Fälle, wo der Buchstabe, obwohl er, bei aller linguistischen Strenge, eine distinkte und nicht-signifikative Einheit ist, mit Sinn ausgestattet wird. Eben das passiert in aller Deutlichkeit in der javanischen Schrift; man fügt in manche Wörter Buchstaben ein, die sich mit unseren Majuskeln vergleichen lassen, obwohl sie der Größe nach den anderen gleich sind: diese zusätzlichen Buchstaben verleihen den Wörtern, die sie in sich bergen, einen rühmlichen oder respektablen Charakter.

Mapping.

Stets muss man der Sprache folgende Frage stellen: Wie zerlegt die Sprache (diese oder jene Sprache) die Realität? Was ist das, was sie aus dieser Realität ausschneidet? Es ist das, was man das *mapping* nennt, die geographische Karte,

que dont le langage prétend empreindre la surface terrestre du réel. Or cette question, il faut de nouveau la poser à l'écriture. Même lorsque l'écriture «transcrit» le langage oral, elle ne le découpe pas d'une façon égale et universelle: la conscience du «mot» est très variable selon les langues: le copiste grec n'avait aucune conscience du mot, mais le scribe latin, oui; en Inde, où il n'y a pas eu d'écriture qui soit antérieure à la constitution de la grammaire, les écritures ne représentent (ne découpent) que les éléments de la parole qui sont reconnus par la science grammaticale; et aujourd'hui, chez nous, les méthodes modernes de lecture partent des mots (ou des unités importantes du langage) plutôt que des lettres. Quant aux écritures pictographiques ou idéographiques, on le sait, ce n'est pas la parole qu'elles transcrivent et découpent; c'est, sinon le réel (où est-il?), du moins d'autres codes que celui du langage articulé: des objets, des gestes, des combinaisons d'idées (dans le cas de l'écriture chinoise), ou des événements saillants (dans le cas des *Winter Counts* des Indiens Dakota, chaque hiver était caractérisé par le symbole d'une circonstance mémorable: le pictogramme découpe dans tout l'hiver un traité de paix et dans les symboles possibles du pacte un drapeau).

mit der die Sprache die Erdoberfläche des Realen zu prägen beansprucht. Diese Frage aber muss man erneut auch an die Schrift richten. Selbst wenn die Schrift die mündliche Sprache „transkribiert", zerlegt sie sie doch nicht auf gleiche und universale Weise: das Bewusstsein des „Wortes" ist je nach den Sprachen sehr variabel: der griechische Kopist hatte keinerlei Bewusstsein des Wortes, der lateinische sehr wohl; in Indien, wo es keine Schrift gegeben hat, die der Konstitution der Grammatik vorausgegangen wäre, stellen (zerlegen) die Schriften nur die Elemente der Rede, die von der Grammatikwissenschaft anerkannt werden; und heute, bei uns, gehen die modernen Lektüremethoden eher von Wörtern (oder wichtigen Einheiten der Sprache) als von Buchstaben aus. Was die piktographischen oder ideographischen Schriften betrifft, so ist es bekanntlich nicht die Rede, die sie transkribieren und zerlegen; es sind wenn auch nicht das Reale (wo ist das?), so doch zumindest andere Codes als die der artikulierten Sprache: Objekte, Gesten, Ideenkombinationen (im Falle der chinesischen Schrift) oder hervorragende Ereignisse (im Falle der *Winter Counts* der Dakota-Indianer war jeder Winter durch das Symbol eines erinnernswerten Umstandes charakterisiert: das Piktogramm schneidet aus dem ganzen Winter einen Friedensvertrag und aus den möglichen Symbolen des Paktes eine Fahne aus).

Mémoire.

Dès qu'on s'est mis à réfléchir sur l'écriture (Platon), on lui a assigné le rôle d'une mémoire: l'écriture serait une sorte d'outil mnémotechnique, une prothèse du cerveau, débarrassé grâce à elle de toute tâche d'emmagasinage. On pense de la sorte que les premières pictographies ou encore que l'écriture pascuane (encore indéchiffrée) n'étaient qu'un aide-mémoire des chanteurs polynésiens, destiné à faciliter la récitation des psalmodies. Il est bien vrai que les premiers monuments laissés par notre écriture (au Moyen-Orient) ne sont que des listes d'objets ou de personnages, bref d'entités comptabilisables; ces entités ne nous intéressent guère et ce sont pourtant elles que l'écriture a mémorisées pour nous; en revanche, tout ce qui nous passionnerait de cette vie lointaine (les mœurs) n'a pas été noté, et c'est normal: pourquoi les Sumériens auraient-ils écrit ce qui faisait la substance même de leur vie quotidienne et qu'ils connaissaient en quelque sorte par cœur?
La fonction mémorielle qui semble à l'origine de l'écriture dans nos civilisations est ici rappelée pour que nous mesurions bien tout ce qui, du moins chez nous, la déborde. Nous écrivons certes encore pour nous souvenir (ne serait-ce que dans nos agendas), mais bien plus encore pour informer: nos annales sont nos journaux, mais nos journaux sont écrits pour

Erinnerung.

Sobald man sich daran macht, über die Schrift zu reflektieren (Platon), hat man ihr bereits die Rolle einer Erinnerung zugewiesen: die Schrift ist also eine Art mnemotechnisches Werkzeug, eine Prothese des Gehirns, das dank ihrer von jeder Speicheraufgabe befreit ist. Man nimmt gewissermaßen an, dass die ersten Piktographien oder sogar die (noch nicht entzifferte) Schrift der Oster-Inseln nur eine Gedächtnisstütze der polynesischen Sänger waren, dazu bestimmt, die Rezitation der Psalmodien zu erleichtern. Durchaus richtig ist, dass die ersten von unserer Schrift hinterlassenen Denkmäler (im Mittleren Osten) nur Gegenstands- oder Personenlisten sind, kurz: zählbare Einheiten; diese Einheiten interessieren uns kaum, gleichwohl sind sie es, die die Schrift für uns memoriert hat; umgekehrt ist alles, was uns an diesem fernen Leben (die Alltagssitten) leidenschaftlich interessiert, nicht aufgezeichnet worden, und das ist normal: warum hätten die Sumerer aufschreiben sollen, was die eigentliche Substanz ihres Alltagslebens ausmachte und was sie gewissermaßen auswendig kannten?
Die Gedächtnisfunktion, die in unseren Zivilisationen am Ursprung der Schrift zu stehen scheint, wird hier in Erinnerung gerufen, damit wir alles das ermessen, was sie, wenigstens bei uns, überschreitet. Wir notieren uns zwar noch, um uns zu erinnern (und sei es nur in

informer; ils ne sont des mémoires qu'*après coup*. De même pour nos mœurs: aucune écriture, chez nous, ne les enregistre directement: il faut passer par la médiation du journal, du roman, de l'essai; encore tous ces documents ne peuvent resurgir à l'état de mémoire que s'ils sont *interprétés*. L'écriture est donc très vite pénétrée d'un symbolisme second: de «graphie», ordre de la pure mémoire, elle devient «écriture», champ de la signifiance infinie.

Ruban.

L'humanité a pratiqué toutes les directions d'écriture possibles: verticale, horizontale, de gauche à droite, de droite à gauche, aller et retour, etc. Cependant, de toutes manières, l'écriture se déroule à la manière d'un fil plus ou moins large, plus ou moins compact: c'est le *ruban graphique*. Ce ruban exprime le statut fondamentalement narratif de l'écriture. Qu'est-ce que le récit? Le plus simplement du monde, c'est la suite d'un *avant* et d'un *après*, un mixte indécidable de temporalité et de causalité; l'écriture, par son inscription même dans l'espace du support (pierre ou feuille), prend à son compte cette suite: lire, c'est accepter d'emblée le récit.

unseren Agenda), aber sehr viel häufiger, um zu informieren: unsere Annalen sind unsere Zeitungen, aber unsere Zeitungen werden geschrieben, um zu informieren, sie sind nur Erinnerungen *après coup.* Dasselbe bei den Alltagsbräuchen: keine Schrift gibt sie bei uns direkt wieder: sie muss das Mittelglied der Zeitung, des Romans, des Essays durchlaufen; allerdings können alle diese Dokumente erst dann in den Stand der Erinnerung aufsteigen, wenn sie *interpretiert* sind. Die Schrift wird also sehr rasch von einer zweiten Symbolik durchdrungen: aus „Graphie", Bereich der reinen Erinnerung, wird „Schrift", Feld der unendlichen Bedeutung.

Band.

Die Menschheit hat alle möglichen Schriftrichtungen praktiziert: vertikal, horizontal, von links nach rechts, von rechts nach links, hin und zurück usw. Gleichwohl entrollt sich die Schrift jedenfalls nach Art eines mehr oder weniger langen, mehr oder weniger dicken Fadens: das ist das *graphische Band.* Dieses Band bringt den grundlegend narrativen Status der Schrift zum Ausdruck. Was ist die Erzählung? Das einfachste von der Welt, es ist die Folge eines *vorher* und eines *nachher*, ein unbestimmbares Gemisch von Temporalität und Kausalität; die Schrift übernimmt, durch ihre Einschreibung in den Raum des Trägers

Voyez les pictogrammes esquimaux (même s'ils sont plus tardifs qu'on ne croit et s'il faut toujours résister à placer automatiquement le pictogramme à l'origine du grammatogramme): un dessin (on peut dès maintenant l'appeler un signe) représente un petit bonhomme en train de se désigner d'un doigt et de montrer de l'autre une direction; au dessin suivant, le personnage montre une pagaie; puis il met sa main sur ses yeux, etc. Tout cela est à la fois récit et phrase: *c'est de moi qu'il s'agit; j'ai pris telle direction et, après avoir voyagé en bateau, j'ai dormi une nuit*, etc. Comme dans tout récit, la signification de chaque moment (de chaque épisode, de chaque signe) est profonde: elle se décroche selon une voie métaphorique ou métonymique, ouvrant le procès même de l'interprétation: la pagaie renvoie au bateau et le bateau au voyage; les yeux renvoient au sommeil et le sommeil renvoie à la nuit, etc. Il n'est donc pas nécessaire de faire descendre l'écriture de la parole (selon le mythe scientifique de la «transcription») pour y déceler les deux coordonnées du langage: le paradigme et le syntagme. Le clivage est ailleurs: là où l'on peut opposer des syntagmes linéaires (écriture et paroles) et des syntagmes rayonnants (dans les figurations pariétales, celles de la peinture, et de la bande dessinée).

(Stein oder Blatt), ihrerseits diese Abfolge: Lesen heißt von vornherein die Erzählung akzeptieren. Man vergleiche die Eskimo-Piktogramme (selbst wenn sie späteren Datums sind, als man glauben möchte, und man immer der Versuchung widerstehen muss, das Piktogramm automatisch als den Ursprung des Grammatogramms gelten zu lassen): eine Zeichnung (von jetzt an kann man sagen: ein Zeichen) stellt einen kleinen Mann dar, wie er mit einem Finger auf sich selbst weist und mit einem anderen eine Richtung anzeigt; in der folgenden Zeichnung zeigt die Person auf ein Wirrwarr; dann legt sie die Hand auf die Augen usw. Das alles ist gleichzeitig Zeichnung und Satz-Phrase: *es handelt sich um mich*; *ich habe diese Richtung eingeschlagen, und nachdem ich im Kanu gereist bin, habe ich eine Nacht lang geschlafen* usw. Wie in jeder Erzählung ist die Bedeutung jedes Augenblicks (jeder Episode, jedes Zeichens) tief: sie enthüllt sich gemäß einer metaphorischen oder metonymischen Spur, die den eigentlichen Prozess der Interpretation eröffnet: das Durcheinander verweist auf das Schiff und das Schiff auf die Reise; die Augen verweisen auf den Schlaf und der Schlaf auf die Nacht usw. Es ist also nicht nötig, die Schrift von der Rede abzuleiten (nach dem wissenschaftlichen Mythos der „Transkription“), um darin die beiden Koordinaten der Sprache ausfindig zu machen: das Paradigma und das Syntagma. Der Bruch liegt anders-

Systématique.

Chaque écriture est un système. De même que toute une langue, grâce au pouvoir combinatoire, est faite de quelques sons, de même chaque corpus graphique (ensembles d'idéogrammes, syllabaires, alphabets) est fait de quelques formes (de quelques traits). Le système commence à la plus simple opposition, celle de la présence et de l'absence. Dans le *quipu* inca, les nœuds de cordelettes ont différentes valeurs décimales; l'absence de nœud renvoie au zéro.

L'écriture brahmi est d'origine araméenne, mais c'est un tout autre système de notation. Les écritures sémitiques ne donnent que le squelette consonantique du mot; mais l'écriture brahmi ne note pas la consonne isolée: le *a* (qui est la voyelle la plus courante des langues indiennes) y est toujours impliqué, en sorte que cette écriture a un caractère syllabique; et si la voyelle qu'il faut noter est différente de *a*, on ajoute un petit appendice au signe de base. L'opposition est ici entre *a* et le «reste».

De même (si l'on peut dire), dans l'écriture

wo: nämlich da, wo man lineare Syntagmen (Schrift und Worte) und ausstrahlende Syntagmen einander gegenüberstellen kann (in den Felszeichnungen, den Figurationen der Malerei und denen der Comic strips).

Systematik.

Jede Schrift ist ein System. So wie eine ganze Sprache, dank der Macht der Kombinatorik, aus einigen Lauten besteht, so besteht auch jedes graphische Korpus (Ensemble von Ideogrammen, Syllabarien, Alphabeten) aus einigen Formen (einigen Strichen). Das System beginnt bei der einfachsten Opposition, der von Präsenz und Absenz. Beim *quipu* der Inka verkörpern die Knoten der Schnüre unterschiedliche Dezimalwerte; die Absenz von Knoten bezeichnet die Nullstelle.
Die Brahmi-Schrift ist aramäischen Ursprungs, aber das Aramäische hat ein ganz anderes Notationssystem. Die semitischen Schriften geben nur das Konsonantenskelett des Wortes; aber die Brahmi-Schrift verzeichnet nicht den vereinzelten Konsonanten: das *a* (der häufigste Vokal der indischen Schriften) ist überall einbegriffen, so dass diese Schrift eine Art Silbencharakter hat; und wenn der zu notierende Vokal von *a* verschieden ist, fügt man dem Grundzeichen einen kleinen Appendix hinzu. Die Opposition liegt hier zwischen *a* und dem „Rest“.

sumérienne (cunéiforme), il existe un trait, le *gounou*, qui, selon qu'il est présent ou absent, différencie le roi de l'homme: le roi, c'est l'homme supplémenté de ce trait. Il y a ainsi économie de notation.

En somme, la soustraction est un facteur puissant de systématisation. Si un inventeur emprunte ses lettres à un alphabet qui existe déjà, il met à part les signes qui n'ont plus d'usage dans la langue emprunteuse (parce que cette langue ignore les sons qu'ils notaient) et il les réemploie pour désigner les sons que la nouvelle langue possède en propre; ainsi a fait le Grec avec l'alphabet phénicien: les signes des consonnes pharyngales, dont il n'avait pas besoin, il en a fait les signes de ses voyelles: il n'y a pas filiation, mais utilisation arbitraire de signes vides. En écriture, l'énergie systématique l'emporte sur la force génétique.

Les formes étant en nombre fini, la tâche essentielle du créateur d'écriture est de trouver des traits inemployés. Ce créateur travaille en quelque sorte dans la négativité. Vers 863, le Grec Constantin-Cyrille, voulant créer l'écriture glagolitique (destinée à transcrire les Evangiles pour les Slaves), et devant forcément y incorporer la notation des sons propres au slavon, prend le plus grand soin de former des lettres (pour ces sons) qui ne soient ni grecques ni latines; mais les formes vides étant rares, il ne peut faire autrement que de s'inspirer de caractères déjà utilisés: ceux de l'hébreu.

Ebenso (wenn man so sagen darf) gibt es in der sumerischen Schrift (der Keilschrift) einen Strich, den *gunu*, der, je nachdem ob er vorhanden ist oder fehlt, den König vom Menschen unterscheidet: der König – das ist der Mensch plus dieses Zeichen. Hier liegt also ein Fall sparsamer Notation vor.
Kurzum, die Subtraktion ist ein mächtiger Systematisierungsfaktor. Wenn ein Erfinder seine Buchstaben einem bereits existierenden Alphabet entlehnt, lässt er die Zeichen, die in der „Nehmer"-Sprache überflüssig sind, beiseite (weil diese Sprache die Laute, die sie bezeichneten, nicht kennt) und benutzt sie erneut, um die Laute zu bezeichnen, die die neue Sprache als Besonderheit besitzt; eben das hat das Griechische mit dem phönizischen Alphabet getan: aus den Zeichen der pharyngalen Konsonanten, die es nicht brauchte, hat es die Zeichen seiner Vokale gemacht: es liegt hier also nicht Filiation, sondern arbiträrer Gebrauch leerer Zeichen vor. In der Schrift behält die systemische Energie die Oberhand über die genetische Kraft.
Da die Formen nur in begrenzter Zahl vorliegen, besteht die entscheidende Aufgabe der Schriftprägung darin, nicht benutzte Züge zu finden. Der Schriftgestalter arbeitet also gewissermaßen in der Negativität. Um 863 gibt sich der Grieche Constantinus Cyrillus, als er (um die Evangelien für die Slawen zu transkribieren) die glagolithische Schrift zu prägen

Thèse.

L'écriture n'est en somme rien d'autre qu'une *craquelure*. Il s'agit de diviser, de sillonner, de discontinuer une matière plane, feuille, peau, plage d'argile, mur. C'est ainsi qu'aux temps très anciens de la Chine, on commença à «lire», à des fins divinatoires, les craquelures apportées par le feu aux écailles de tortues, ou les traces des pattes d'oiseau sur le sable.

L'écriture a besoin du discontinu, le discontinu est en quelque sorte la condition organique de son apparition; mais ce discontinu est historiquement très mobile; l'écriture une fois constituée, tantôt elle tend à se resserrer, à remplir sans faille un espace régulier (cartouche des hiéroglyphes, loge, cellule de la lettre grecque), tantôt au contraire à se diviser au maximum (ainsi, dans notre dactylographie, chaque lettre est séparée de la suivante). L'écriture oscille entre le compact et l'aéré, la soudure et la rupture. Dans l'écriture antique (écriture de majuscules), les mots n'étaient pas séparés; ce

und dabei zwangsläufig die Notation der dem Slawischen eigenen Laute zu bewältigen hat, größte Mühe, Buchstaben (für diese Laute) zu erfinden, die weder griechisch noch lateinisch sind; aber die leeren Formen sind selten, ihm bleibt nichts anderes übrig, als sich von bereits benutzten Schriftzeichen beeinflussen zu lassen: denen des Hebräischen.

These.

Die Schrift ist insgesamt nichts anderes als ein feiner *Haarriss*. Es geht darum, eine plane Materie zu zerteilen, zu durchfurchen, zu unterbrechen, Blatt, Pergamenthaut, Lehmziegel, Mauerwand. So hat man in den sehr frühen Zeiten in China begonnen, die Haarrisse, die das Feuer im Schildpatt der Schildkröten hinterließ, oder die Spuren der Vogelkrallen im Sand zu Wahrsagezwecken zu „lesen".
Die Schrift braucht das Diskontinuierliche, das Diskontinuierliche ist gewissermaßen die organische Bedingung ihres Auftretens; aber dieses Diskontinuierliche ist historisch sehr mobil; wenn die Schrift einmal konstituiert ist, neigt sie bald dazu, sich zusammenzuziehen, einen regelmäßigen Raum ohne Riss auszufüllen (Kartusche der Hieroglyphen, Loge, Zelle des griechischen Buchstabens), bald umgekehrt dazu, sich weitestgehend zu teilen (so ist in unserer Maschinenschrift jeder Buchstabe vom folgenden getrennt). Die Schrift oszilliert zwi-

n'est qu'à la création de la minuscule que les mots furent distingués, parfois même les syllabes, au fur et à mesure que se développaient les ligatures. La place de cette thèse graphique n'est pas forcément rationnelle (selon notre conscience linguistique): on trouve des coupures bizarres: la main, l'œil, guident l'écriture, non la raison du langage.

Typologie.

Dans un même champ culturel ou historique, des écritures s'opposent ou s'engendrent. Elles s'opposent souvent par la fonction; ainsi, à l'époque hellénistique, on compte trois écritures grecques d'usage différent: une écriture de livre (*libraria*), très calligraphique, tracée en onciale, une écriture de chancellerie et une écriture privée (cursive, légère); ou encore, au IVe siècle, il existe une écriture tombale (dont les lettres, conçues par Philocalus, à la demande du pape Damase, se terminent par des empattements fendus: c'est le style philocalien): ici la Mort; là l'Etat, la Culture, la Personne: il y a une typologie fonctionnelle des écritures. Mais souvent aussi, dans notre histoire, les types scripturaux fondés sur de simples différences de formes – différences en

schen dem Kompakten und dem Aufgelockerten, der Bindenaht und der Bruchkante. In der antiken Schrift (der Majuskelschrift) waren die Worte nicht getrennt; erst mit der Schaffung der Minuskel wurden die Worte, manchmal sogar die Silben unterschieden, und zwar nach Maßgabe der Entwicklung der Ligaturen. Der Ort dieser graphischen These ist nicht zwangsläufig rational (im Sinne unseres sprachlichen Bewusstseins): es finden sich seltsame Brüche: die Hand, das Auge lenken die Schrift, nicht die Vernunft der Sprache.

Typologie.

In ein und demselben kulturellen oder historischen Bereich treten Schriften einander entgegen oder erzeugen sich. Sie treten einander häufig durch die Funktion entgegen; so zählt man in der hellenistischen Epoche drei griechische Schriften mit jeweils verschiedenem Gebrauch: eine Buchschrift (*libraria*), sehr kalligraphisch, in Unzialen; eine Kanzleischrift und eine (kurrente, leichte) Privatschrift; oder es existiert, im 4. Jahrhundert, sogar eine Grabschrift (deren Buchstaben, von Philokalos auf Verlangen von Papst Damasus erfunden, in gespaltenen Grundstrichen enden; das ist der philokalische Stil): hier der TOD, da der STAAT, die KULTUR, die PERSON: es gibt eine funktionale Typologie der Schriften. Häufig sind in unserer Geschichte aber auch die skripturalen Typen,

quelque sorte gratuites, mais dont il est toujours possible de tirer, par contrecoup, quelque signification éthique: l'empire romain connut deux écritures, nées de l'imitation des inscriptions monumentales: la *quadrata* (aux hampes grasses) et la *rustica* (aux verticales maigres), dont les noms disent assez le sens qu'on leur prêtait. Autre exemple d'opposition: l'arabe eut une calligraphie monumentale, anguleuse et rigide (le *coufique*) et une écriture de copiste, souple et arrondie (*naskhi*). D'une manière générale – c'est le problème qui intéresse ici –, on tend volontiers à nommer ou à commenter les types d'écritures selon l'*éthos* qu'on leur suppose: l'onciale, où triomphe la courbe et où se lit le glissement euphorique de la plume sur le vélin, est qualifiée d'écriture «jeune», attestant une «joie d'écrire»; la *textura* (écriture gothique du XVe siècle) est décrétée solennelle, épaisse et anguleuse, pense-t-on, comme les peuples qui en ont principalement usé (Anglais et Allemands): la gothique elle-même (dans sa généralité) est rattachée à l'esprit architectural du temps. En somme, comme tout phénomène culturel, l'écriture est *sur-déterminée*: elle semble soumise à la fois à des causes matérielles (l'écriture se resserre s'il faut gagner de la place parce que le support coûte cher) et à des motivations spirituelles (elle se resserre pour rejoindre le style d'une époque et, si l'on peut dire, pour «prouver» une certaine philosophie de l'Histoire; à savoir que l'Histoire est une).

die auf einfachen Formunterschieden beruhen – gewissermaßen willkürlichen Unterschieden, aus denen sich aber indirekt immer auch irgendeine ethische Bedeutung ziehen lässt: das römische Imperium kannte zwei Schriften, entstanden aus der Nachahmung der Inschriften an Denkmälern: die *quadrata* (mit massigen Senkrechtstrichen) und die *rustica* (mit dünnen Vertikalen), deren Namen bereits den Sinn erahnen lassen, denen man ihnen verlieh. Ein anderes Beispiel für Gegensätze: das Arabische hatte eine monumentale, kantige und strenge Kalligraphie (das *Kufische*) und eine Kopistenschrift, sanft und gerundet (*naskhi*). Im Allgemeinen – und das ist das Problem, das uns hier interessiert – neigt man bereitwillig dazu, die Schrifttypen im Sinne des bei ihnen vermuteten *Ethos* zu benennen oder zu kommentieren: die Unziale, in der die Rundung triumphiert und in der sich das euphorische Gleiten der Feder auf dem Velin erspüren lässt, wird als „junge" Schrift qualifiziert, die eine gewisse „Schreibfreude" bezeugt; die *textura* (eine gotische Schrift des 15. Jahrhunderts) gilt als feierlich, dick und kantig, angeblich wie die Völker, die sie hauptsächlich benutzt haben (Engländer und Deutsche); die gotische Schrift selbst (in ihrer Allgemeinheit) wird mit dem architekturalen Geist der Zeit verknüpft. Kurzum, die Schrift ist, wie jedes kulturelle Phänomen, *überdeterminiert*: sie scheint gleichzeitig materiellen Ursachen (die Schrift zieht sich zu-

III. Enjeu

Astronomie.

Il semble qu'il y ait eu un lien privilégié entre l'astronomie et l'écriture. Dans le fameux *quipu* des Incas (ce système de cordelettes et de nœuds que l'on cite toujours comme l'une des formes primitives de la pratique scripturale), la science des nombres qui est mobilisée renvoie, semble-t-il, à des périodes astronomiques (les six orients y étaient des couleurs différentes); et chez nous, le système des signes du Zodiaque est comme un abrégé des possibilités structurales de l'écriture, mêlant les formes figuratives et les formes géométriques. *Le ciel s'écrit*; ou encore: passant par-dessus le langage, l'écriture est le langage pur des cieux.

sammen, wenn Platz gewonnen werden muss, weil der Beschreibstoff teuer ist) und spirituellen Motivationen unterworfen zu sein (sie zieht sich zusammen, um den Stil einer Epoche zu treffen und, wenn man so sagen darf, eine bestimmte Philosophie der GESCHICHTE zu „beweisen“; weil nämlich die GESCHICHTE eine ist).

III. Einsatz

Astronomie.

Es hat den Anschein, dass es eine privilegierte Verbindung zwischen Astronomie und Schrift gibt. Im berühmten *quipu* der Inka (jenem System von Knoten und Schnüren, das unablässig als eine der primitiven Formen der Schreibpraxis zitiert wird) verweist die Wissenschaft der Zahlen, die mobilisiert wird, anscheinend auf astronomische Perioden (die sechs Oriente waren darin verschiedene Farben); und bei uns ist das Zeichensystem des Zodiak gleichsam ein Abriss der strukturalen Möglichkeiten der Schrift, die die figurativen und geometrischen Formen miteinander mischt. *Der Himmel schreibt sich*; oder gar: im Durchgang durch die Sprache ist die Schrift die reine Sprache der Himmel.

Economie.

Les liens de l'écriture et de l'économie sont simples, du moins historiquement, dans le domaine méditerranéen. L'agriculture est attestée en Palestine vers 6000 avant J.-C.: le premier besoin alimentaire est celui de la soudure (d'une saison à l'autre) et donc de l'emmagasinage, du décompte des réserves. Une civilisation naît de comptables et de notaires; les signes religieux se laïcisent; tous les historiens s'accordent à lier l'invention de l'écriture, dans cette aire historique et géographique, aux besoins économiques. Bien plus: on a pu établir un certain parallélisme entre l'invention de l'alphabet et celle de la monnaie uniforme: comme la lettre est le plus petit commun dénominateur de tout sens et de toute mémoire, la monnaie (dans le domaine méditerranéen) est la mesure de toute chose: la civilisation s'engage dans un processus de *réduction*: des mots à la lettre, des biens à la monnaie, lettre et monnaie étant en elles-mêmes neutres, insignifiantes.
En Chine, au contraire, il semble que la monnaie et le signe n'aient été qu'un objet ou un bien parmi d'autres: il y a juxtaposition plus que réduction. L'origine de l'écriture, à ce que disent les historiens, est ici différente: religieuse, rituelle. Cependant, il est possible dans les deux cas de remonter à un besoin commun: celui du contrat. Parmi les formes les plus ar-

Ökonomie.

Im mediterranen Bereich sind die Verbindungen zwischen Schrift und Ökonomie einfach, wenigstens historisch gesehen. Die Agrikultur ist in Palästina um 6000 v. Chr. bezeugt: das erste alimentäre Bedürfnis ist das der Überbrückung (von einer Saison zur nächsten), also der Vorratshaltung, der Anlegung von Reserven. Es entsteht eine Zivilisation von Buchhaltern und Notaren; die religiösen Zeichen werden laisiert; alle Historiker sind sich darin einig, die Erfindung der Schrift in diesem historischen und geographischen Bereich mit den ökonomischen Bedürfnissen zu verknüpfen. Mehr noch: man hat einen gewissen Parallelismus zwischen der Erfindung des Alphabets und der des einheitlichen Münzgeldes feststellen können: so wie der Buchstabe der kleinste gemeinsame Nenner aller Sinne und aller Erinnerung ist, so ist das Münzgeld (im mediterranen Bereich) das Maß aller Dinge: die Zivilisation verstrickt sich in einen Prozess der *Reduktion*: von den Worten zum Buchstaben, von den Gütern zum Münzgeld, wobei Buchstabe und Münze an sich selbst neutral, bedeutungslos sind.
Umgekehrt hat es in China den Anschein, dass die Münze und der Buchstabe nur ein Objekt oder Gut unter anderen gewesen sind; es herrscht eher Nebeneinanderstellung als Reduktion. Nach dem Urteil der Historiker ist

chaïques de l'inscription, on trouve l'entaille, pratiquée dans un bâton, pour se souvenir d'une chose, mais aussi pour garantir un contrat: car l'encoche ne peut s'effacer ni s'altérer: il n'y a pas si longtemps que les boulangers de France, lorsqu'ils vendaient du pain à crédit, faisaient une entaille par pain dans un double bâton, le leur et celui du client: impossible de mentir. L'inscription a donc valeur d'obligation contractuelle: elle oblige le débiteur, comme sans doute, en Chine, avant même l'écriture, elle contraignait la divinité ou le suppliant. La langue arabe noue les deux sens dans un même faisceau sémantique: un même radical renvoie à l'idée de faire des encoches, d'assigner à quelqu'un sa quote-part et de donner des lois (en parlant de la divinité).
L'écriture, c'est donc l'échange; face à ce moment dangereux où je lâche d'un côté et je saisis de l'autre, l'écriture constitue le moyen de me prémunir contre le risque d'un battement mortel: si l'écriture n'existait pas, je me retrouverais *sans rien*: ayant déjà lâché, n'ayant pas encore saisi: en état de chute infinie.

der Ursprung der Schrift hier andersartig: nämlich religiös, rituell. Gleichwohl ist es in beiden Fällen möglich, auf ein gemeinsames Bedürfnis zurückzugreifen: das des Vertrages. Unter den archaischsten Formen der Inschrift findet man den Einschnitt in einen Stab, um sich einer Sache zu erinnern, aber auch um einen Vertrag zu verbürgen: denn die Kerbe kann nicht erlöschen noch sich verändern: es ist noch gar nicht lange her, dass die französischen Bäcker, wenn sie Brot auf Kredit verkauften, pro Laib eine Kerbe in einen Doppelstock schnitten, ihren eigenen und den des Kunden: unmöglich, zu lügen. Die Inschrift hat also den Wert einer vertraglichen Verpflichtung: sie verpflichtet den Schuldner, wie sie in China, sogar noch vor der Schrift, die Gottheit oder den Flehenden band. Die arabische Sprache verknüpft die beiden Bedeutungen in ein und demselben semantischen Bündel: dieselbe Wurzel verweist auf die Vorstellung: eine Kerbe einschneiden, jemandem seinen Anteil zuweisen und Gesetze geben (indem man von der Gottheit spricht).

Die Schrift ist also Tausch; angesichts jenes gefährlichen Moments, wo ich einerseits los lasse und andererseits nehme, bildet die Schrift das Mittel, mich gegen das Risiko eines tödlichen Schlages zu wappnen: wenn die Schrift nicht existierte, fände ich mich *ohne alles*: ich hätte bereits hergegeben, aber noch nicht ergriffen: im Stand eines unendlichen Sündenfalles.

Autre exemple – plus circonstanciel – des liens constants de l'écriture et de l'économie: vers la fin du XIIe siècle, par suite d'une pénurie de parchemin, l'écriture se resserre pour prendre moins de place: peut-être faut-il trouver là l'origine de l'écriture gothique (élongée) plus que dans un prétendu esprit de l'époque.

(Je ne traite pas ici de l'écriture imprimée.) On ne peut cependant résister à la nécessité de rappeler les origines économiques du livre. Née dans un milieu d'orfèvres et de monnayeurs, soutenue par le Capital (à Mayence vers 1448, Gutenberg trouve un bailleur de fonds qui est un banquier), liée à l'apparition de nouveautés techniques et industrielles (hauts fourneaux, fonderies, laminoirs, exploitation des mines, d'antimoine de Bohême), l'imprimerie s'est rapidement développée parce qu'il existe déjà une unité économique et commerciale de l'Europe et parce qu'elle favorise l'ascension des classes dynamiques; les banquiers investissent dans les premiers ouvrages imprimés dans la mesure où ce seront des *best-sellers*: bibles, missels, bréviaires, grammaires élémentaires, calendriers, lettres d'indulgence.

«Ecriture».

Le mot *écriture* est ambigu: tantôt (pour simplifier) il renvoie à l'acte matériel, au geste physique, corporel, de la scription, dont l'écriture, conformément à l'étymologie, n'est que

Ein anderes – eher beiläufiges – Beispiel für die beständigen Verbindungen zwischen Schrift und Ökonomie: gegen Ende des 12. Jahrhunderts verengt sich die Schrift im Gefolge einer Papierknappheit, um weniger Raum einzunehmen: vielleicht müsste man darin den Ursprung der gotischen (länglichen) Schrift suchen, eher als in einem angeblichen Geist der Epoche.
(Ich spreche hier nicht von der Druckschrift.) Gleichwohl kann man nicht umhin, an die ökonomischen Ursprünge des Buches zu erinnern. Das Druckereigewerbe, in einem Milieu von Goldschmieden und Falschmünzern geboren, vom KAPITAL unterhalten (Gutenberg findet 1448 in Mainz einen Geldgeber, der Bankier ist), an das Auftreten technischer und industrieller Neuerungen geknüpft (Hochöfen, Schmelzen, Walzwerke, Ausbeutung von Minen, von Antimon aus Böhmen), hat sich so rasch entwickelt, weil es den Aufstieg dynamischer Klassen begünstigte; die Bankiers investieren in die ersten Druckwerke in dem Maße, wie sie *best-sellers* werden können: Bibeln, Messbücher, Breviere, Schulgrammatiken, Kalender, Ablassbriefe.

„Schrift“.

Das Wort *Schrift* ist mehrdeutig: bald deutet es (um zu vereinfachen) auf den materiellen Akt, auf die physische, körperliche Geste der Schreibung hin, von der die Schrift, in Überein-

le produit substantiel («avoir une belle écriture»); tantôt, à l'autre bord, «au-delà du papier», il renvoie à un complexe inextricable de valeurs esthétiques, linguistiques, sociales, métaphysiques; c'est alors à la fois un mode de communication et de rétention qui s'oppose à la parole, une forme noble d'expression (apparentée au «style»), une contrainte légale, comptable (les «écritures» d'une banque, d'un navire) ou religieuse (l'*Ecriture*), une pratique signifiante d'énonciation dans laquelle le sujet «se pose» d'une façon particulière (ce dernier sens est tout moderne, encore peu reçu). Disons pour simplifier (et avec tous les risques qu'une telle simplification comporte) que l'écriture comporte trois déterminations sémantiques principales: 1° C'est un geste manuel, opposé au geste vocal (on pourrait appeler cette écriture-là *scription*, et son résultat *scripture*). 2° C'est un registre légal de marques indélébiles, destinées à triompher du temps, de l'oubli, de l'erreur, du mensonge. 3° C'est une pratique infinie, où s'engage tout le sujet, et cette pratique s'oppose dès lors à la simple *transcription* des messages; *Ecriture* entre en opposition de la sorte tantôt avec *Parole* (dans les deux premiers cas) tantôt avec *Ecrivance* (dans le troisième). Ou encore: c'est, selon les emplois et selon les philosophies: un geste, une loi, une jouissance.

stimmung mit der Etymologie, nur das substanzielle Produkt ist; bald verweist es, am anderen Pol, „jenseits des Papiers“, auf einen unerschöpflichen Komplex von ästhetischen, sprachlichen, sozialen, metaphysischen Werten; es ist also gleichzeitig eine Weise der Kommunikation und der Verhaltung, die sich der Sprache entgegenstellt, eine noble Ausdrucksform (verschwistert mit dem „Stil“), ein gesetzlicher, buchhalterischer (die „Buchungen“ einer Bank, das „Logbuch“ eines Schiffes) oder religiöser Zwang (die *Heilige Schrift*), eine signifikante Aussagepraxis, in der das Subjekt auf besondere Weise „posiert“ (dieser letztere Sinn ist ganz modern, wenn auch wenig überkommen). Sagen wir vereinfachend (und mit all den Gefahren einer solchen Vereinfachung), dass die Schrift drei semantische Hauptdeterminanten enthält: 1) Sie ist eine manuelle, der vokalen entgegengesetzte Geste (man könnte diese Schrift *Schreibung* nennen und ihr Resultat *Skriptur*). 2) Sie ist ein regelgerechtes Register unauslöschlicher Marker, dazu bestimmt, über Zeit, Vergessen, Irrtum, Betrug zu triumphieren. 3) Sie ist eine unendliche Praxis, in die sich das ganze Subjekt einbringt, und diese Praxis tritt fortan in Gegensatz zur einfachen *Transkription* von Botschaften; Schrift bildet so bald das Gegenstück der *Rede* (in den beiden ersten Fällen), bald der *Schreiberei* (in der dritten). Mehr noch: sie ist, je nach den Bräuchen und Philosophien: eine Geste, ein Gesetz, ein Genuss.

Machine à écrire.

Chez les Romains, écrire était une occupation servile: l'homme libre n'écrivait pas, il dictait à un esclave – ou du moins (on le sait par l'exemple de Cicéron) lui donnait immédiatement son brouillon hâtif à recopier. Aujourd'hui encore, la machine à écrire reste un instrument de classe, liée à un exercice du pouvoir: cet exercice suppose une secrétaire, substitut moderne de l'esclave antique: c'est la secrétaire elle-même, son corps soudé à sa machine, qui est la prothèse manuelle du patron, l'équivalent du crochet des pirates manchots. Cependant, la machine étant encore sentie (du moins en Europe) comme un objet inhumain, si l'on écrit à un ami et que l'on veuille effacer ou tempérer l'offense d'une communication machinale, expéditive, on ajoute pour finir quelques mots manuscrits: on a honte de ne plus écrire à la main: l'écriture manuscrite reste mythiquement dépositaire des valeurs humaines, affectives; elle met du désir dans la communication, parce qu'elle est le corps même. Pour des raisons apparemment plus légales, puisqu'il s'agissait en quelque sorte de signer la lettre dictée, le Romain lui-même y ajoutait quelque formule de sa main (*Vale*, *Ama nos*); le Romain authentifiait ainsi son corps civil, son corps de propriétaire; et nous, nous authentifions notre corps affectif (cette habitude est liée à notre civilisation en ce

Schreibmaschine.

Bei den Römern war Schreiben eine servile Beschäftigung: der freie Bürger schrieb nicht, er diktierte einem Sklaven – oder gab ihm wenigstens (wie man aus Ciceros Beispiel weiß) sein Notizheft zum Abschreiben. Noch heute bleibt die Schreibmaschine ein Klasseninstrument und mit der Ausübung von Macht verknüpft: diese Ausübung setzt eine Sekretärin voraus, das moderne Substitut des antiken Sklaven: es ist eben diese mit dem Körper an die Maschine gefesselte Sekretärin, die als manuelle Prothese des Chefs, als Äquivalent des Hakens einarmiger Piraten fungiert. Da die Maschine indessen (wenigstens in Europa) noch als unmenschliches Objekt empfunden wird, fügt man wenn man an einen Freund schreibt und den Affront einer maschinellen, eiligen Kommunikation tilgen oder mäßigen will, am Schluss einige handschriftliche Worte hinzu: man schämt sich, nicht mehr mit der Hand zu schreiben; die handgeschriebene Schrift bleibt im mythischen Sinne Hüterin und Verwahrerin menschlicher, affektiver Werte; sie bringt Begierde in die Kommunikation, weil sie der Körper selbst ist. Aus anscheinend eher rechtlichen Gründen – weil es sich darum handelte, den diktierten Brief gewissermaßen zu unterzeichnen – fügte der Römer selbst einige Formeln mit eigener Hand hinzu (*Vale, Ama nos*); er beglaubigte so seinen zivilen

qu'elle est transitoire; aux Etats-Unis, tout s'écrit directement à la machine – missives, textes littéraires – sans plus de précaution humaniste).

Tout est ainsi reculé, mais non aboli; car de même qu'il existe une graphologie des écritures manuscrites (à des fins somme toute pénales), de même les pratiques policières requièrent parfois d'authentifier l'origine de ce qu'on appelle un *tapuscrit.* Pour cela, on dispose – circonstance piquante – d'une phrase parfaitement folle, véritable produit de l'écriture automatique, qui contient une fois et une seule toutes les lettres du clavier dactylographique: *Portez ce vieux whisky au juge blond qui fume* (cette phrase a donc *un sens*; elle signifie: pratique destinée à expertiser une écriture mécanique; décidément – hélas – tout a un sens).

Körper, seinen Eigentümerkörper; und wir – wir beglaubigen unseren affektiven Körper (diese Gewohnheit ist mit unserer Zivilisation verknüpft, und zwar insofern sie transitorisch ist; in den Vereinigten Staaten schreibt jeder direkt in die Maschine – Briefe, literarische Texte –, ohne allzu viel humanistische Betulichkeit).

Alles ist damit zurückgenommen, aber nicht aufgegeben; denn so wie eine Graphologie der handschriftlichen Schriften existiert, erfordern es manchmal auch die Polizeipraktiken, den Ursprung dessen, was man ein *tapuscrit* [*word document*] nennt, zu beglaubigen. Dafür verfügt man – ein reizvoller Nebenumstand – über eine völlig verrückte Phrase, ein wirkliches Produkt der automatischen Schreibweise, die einmal, ein einziges Mal alle Buchstaben der Schreibmaschinen-Tastatur enthält: *Portez ce vieux whisky au juge blond qui fume** (dieser Satz hat also *einen Sinn*; er bedeutet: die zur Begutachtung einer mechanischen Schrift bestimmte Praxis; wirklich – leider –, alles hat einen Sinn).

* „Bringen Sie diesen alten Whisky dem blonden Richter, der raucht“ – mit dem deutschen Äquivalent: „Franz jagt im komplett verwahrlosten Taxi quer durch Bayern.“ [A.d.Ü.]

Pouvoir.

On sait les liens du pouvoir et du livre, combien l'Etat – quel qu'il soit – a été attentif à contrôler (par les privilèges, les censures) l'écriture imprimée; combien aussi, même dans une civilisation du livre, l'écriture manuscrite a été longtemps maintenue dans le statut d'une propriété de classe: savoir écrire est l'un des premiers moyens de la sélection sociale; à plus forte raison lorsque le livre n'existait pas et que toutes les activités de transmission, d'information et de réflexion passaient par le manuscrit et sa copie, l'écriture était un pur instrument de pouvoir. C'est particulièrement visible dans la Chine ancienne: l'écriture y était, si l'on peut dire, la voie souveraine de la domination politique; par le mandarinat, les fonctionnaires étaient essentiellement des calligraphes, habiles aux choix des signes et au tracé des caractères: l'écriture avait une vertu qualifiante: elle qualifiait pour le pouvoir. Or qui dit *Pouvoir* dit *Contre-Pouvoir*. Aussi voit-on (au IVe, au IIIe siècle avant J.-C.) l'apparition d'une écriture de brouillon (tracée hors des normes formelles de la calligraphie d'Etat) qui n'avait pas d'existence officielle et se propageait presque à l'insu du pouvoir. Cette tension politique se retrouve dans notre civilisation: lorsque l'Etat moderne se constitue dans sa rigueur, au XVIIe siècle (je parle de la France), l'un de ses premiers soins est de substituer

Macht.

Die Verbindungen zwischen Macht und Buch sind bekannt; man weiß, wie sehr der STAAT – welcher auch immer – darauf bedacht gewesen ist, die gedruckte Schrift (durch Privilegien, Zensurmaßnahmen) zu überwachen; man weiß auch, wie lange die handgeschriebene Schrift, sogar in einer Zivilisation des Buches, im Status eines Klassenmerkmals festgehalten worden ist: schreiben können ist eines der ersten Mittel der sozialen Selektion; um so mehr, als das Buch noch nicht existierte und alle Übermittlungs-, Informations- und Reflexionsaktivitäten sich auf dem Wege über das Manuskript und seine Kopie vollzogen, das Buch war reines Machtinstrument. Das wird besonders deutlich im alten China: die Schrift war dort, wenn man so sagen darf, die souveräne Spur der politischen Herrschaft; durch das Mandarin-Chinesisch waren die Funktionäre im wesentlichen Kalligraphen, geschickt in der Wahl der Zeichen und im Ziehen der Schriftzüge: die Schrift hatte eine qualifizierende Tugend: sie qualifizierte für die Macht. Wer aber *Macht* sagt, sagt auch *Gegen-Macht*. Deshalb sieht man (im 4., im 3. Jahrhundert v. Chr.) die Heraufkunft einer Entwurfsschrift (außerhalb der formalen Normen der staatlichen Kalligraphie gemalt), die keinerlei offizielle Existenz hatte und nahezu gegen den Willen der Macht propagiert wurde. Diese po-

autoritairement à l'écriture relâchée du XVIe siècle (écriture rapide, irrégulière, personnelle) une norme universelle ou, si l'on préfère, une écriture officielle: en 1633, un arrêt du Parlement accorde la protection de l'Etat aux «belles mains»; l'écriture se généralisant quelque peu, l'Etat intervient, réprime cette généralisation et restreint l'écriture légale à un certain type. Aujourd'hui encore, malgré l'instruction obligatoire, qui peut nier que l'écriture manuscrite ne soit un indice de classe? Il y a des écritures «primaires»: est «primaire» ce qui s'apprend à l'école primaire (populaire), à commencer par l'écriture (en faisant de l'écriture l'indice d'un «caractère» psychologique, la graphologie contribue à occulter la différence sociale, qui est pourtant la première évidence de la forme graphique).

Prix.

Vue d'aujourd'hui, la littérature ancienne nous apparaît pure de tout argent: à force de voir les grands écrivains grecs ou latins peints sur des

litische Spannung findet sich auch in unserer Kultur wieder: als der moderne Staat sich in seiner Macht konstituiert, im 17. Jahrhundert (ich spreche von Frankreich), besteht eine seiner ersten Maßnahmen darin, die zwanglose Schrift des 16. Jahrhunderts (eine rasche, unregelmäßige, persönliche Schrift) autoritär durch eine allgemeine Norm oder, wenn man so will, durch eine offizielle Schrift zu ersetzen: im Jahre 1633 billigt ein Erlass des Pariser Parlement den «belles mains» den Schutz des Staates zu; als die Schrift sich etwas vereinheitlicht, greift der Staat ein, unterdrückt diese Vereinheitlichung und beschränkt die legale Schrift auf einen bestimmten Typus. Trotz obligatorischer Schulpflicht – wer kann heute noch leugnen, dass die handgeschriebene Schrift ein Klassenindiz ist? Es gibt „Elementar"-Schriften: es ist „elementar", was in der Volks-, der „Grundschule" gelernt wird, beginnend mit der Schrift (indem sie die Schrift zum Indiz eines psychologischen „Charakters" macht, trägt die Graphologie zur Verdunkelung der sozialen Differenz bei, die gleichwohl der erste evidente Beweis der graphischen Form ist).

Preis.

Von heute aus gesehen, erscheint uns die alte Literatur allem Geld entrückt: weil wir allzu lange die großen griechischen oder lateinischen

plafonds d'universités, nous imaginons leurs œuvres descendues de quelque ciel, d'une transcendance humaniste nette de toute matière. Cependant, ces œuvres ont coûté le prix de l'écriture qui était chaque fois nécessaire pour matérialiser un seul exemplaire de l'œuvre. Et ce prix de l'écriture était élevé, il ne faut pas l'oublier: à 5 deniers, un livre des *Epigrammes* de Martial était un livre de haut luxe; l'*Enéide* coûtait 24 deniers de copie; or, pour un légionnaire (relativement bien payé), 2 deniers représentaient dix jours de nourriture: l'*Enéide*, en termes d'écriture-marchandise, c'était un jeûne de quatre mois. A l'époque byzantine, il faut en moyenne trois mois pour copier un manuscrit; les copistes sont payés très cher (10 ou 12 sous d'or à la page). Au IIIe siècle, il y a des écritures de prix différents; l'une (de *scriptor*), tracée en capitales et en onciales, est de première qualité (elle coûte 25 deniers les 100 lignes); la seconde ne coûte que 20 deniers; la troisième (de *tabellion*), tracée sur des *tabulae*, en minuscules, ne coûte que 10 deniers. Aujourd'hui encore, dans les grands magasins de Tokyo, il y a un rayon de calligraphie: des copistes tracent les adresses des cadeaux, des vœux: c'est l'attribut gracieux et ancestral de la marchandise moderne.

Schriftsteller an den Deckengewölben der Universitäten angestarrt haben, stellen wir uns ihre Werke als vom Himmel herabgefallen vor, aus einer humanistischen, aller Materie baren Transzendenz. Gleichwohl haben diese Werke den Preis der Schrift gekostet, die jedes Mal nötig war, um ein einziges Exemplar des Werkes zu materialisieren. Und dieser Preis der Schrift war hoch, wie man nicht vergessen sollte: mit 5 Denaren war ein Exemplar der *Epigramme* Martials ein Luxusgut; die *Aeneis* kostete 24 Denare pro Exemplar; für einen (relativ gut bezahlten) Legionär aber waren 2 Denare zehn Tage Nahrung: der Kauf der *Aeneis* bedeutete also, im Sinne von Schrift als Ware, eine Fastenzeit von vier Monaten. In byzantinischer Zeit sind im Mittel drei Monate für die Kopie eines Manuskripts erforderlich; die Kopisten werden sehr hoch bezahlt (10 oder 12 Golddenare pro Seite). Im 3. Jahrhundert gibt es Schriften zu unterschiedlichen Preisen; die eine (vom *scriptor*), mit Kapitalen und Unzialen geschmückt, ist von bester Qualität (sie kostet 25 Denare für hundert Zeilen); die zweite kostet nur 20 Denare; die dritte (vom *tabellio*), in Minuskeln auf *tabulae* geschrieben, nur 10 Denare. Noch heute gibt es in den großen Warenhäusern von Tokio eine Kalligraphie-Abteilung: Kopisten schreiben die Adressen auf Geschenke, Glückwünsche: es ist das liebenswürdige und altüberlieferte Attribut der modernen Ware.

Profession.

Scribes, copistes, écrivains publics, sémiographes (c'est ainsi qu'on appelait au IIe siècle après J.-C. les «sténographes»): l'écriture manuscrite a constitué pendant longtemps un champ professionnel. Ce champ, par ses fluctuations, témoigne bien du rapport général de l'écriture et de l'Histoire. Par exemple: lorsque la copie des manuscrits passe au monde monastique, au VIe et au VIIe siècle après J.-C. (dans des ateliers épiscopaux appelés *scriptoria*), il faut lire dans ce transfert tout un ensemble de données économiques et politiques: une diminution du pouvoir d'échange, une crise commerciale ont amené une réduction du livre de luxe; la décadence de l'administration a entraîné une chute de l'écrit dont la valeur probatoire est dégénérée; à l'inverse, au XIIIe siècle, l'art d'écrire passe du milieu monastique au monde laïque (les écrivains se constituent déjà en corporation, dotée de statuts et de privilèges): c'est qu'alors l'administration renaît dans les grands Etats, le droit romain revient, le notariat s'étend, la bureaucratie s'installe, la banque se développe. Aujourd'hui encore, la «traduction» des ordres de gestion (administrative, patronale, commerciale) relève d'une technique et d'une profession: la dactylographe, la sténographe, la sténotypiste, la secrétaire de direction (celle-ci est curieusement promue en dignité: c'est que précisément elle

Beruf.

Schriftgelehrte, Kopisten, öffentliche Schreiber, Semiographen (so nannte man im 2. Jahrhundert n. Chr. die „Stenographen“): die handgeschriebene Schrift hat lange Zeit einen professionellen Bereich gebildet. Dieser Bereich legt mit seinen Fluktuationen Zeugnis von der allgemeinen Beziehung zwischen Schrift und Geschichte ab. Beispielsweise: als das Kopieren der Manuskripte im 6. und 7. Jahrhundert n. Chr. (in den *scriptoria* genannten bischöflichen Werkstätten) an die Welt der Klöster übergeht, muss man aus diesem Übergang ein ganzes Bündel von ökonomischen und politischen Gegebenheiten herauslesen: eine Abschwächung der Kaufkraft, eine kommerzielle Krise haben zur Verknappung des Buches als Luxusgut geführt; der Verfall der Administration hat einen Verfall der Schrift nach sich gezogen, deren Statuswert sich gemindert hat; umgekehrt geht im 13. Jahrhundert die Kunst des Schreibens vom Klostermilieu an die Welt der Laien über (die Schriftsteller konstituieren sich bereits als mit Statuten und Privilegien ausgestattete Zunft): gerade damals nämlich tritt in den großen Staaten erneut die Verwaltung in Erscheinung, das römische Recht kehrt wieder, das Notariat breitet sich aus, die Bürokratie richtet sich ein, das Bankwesen entwickelt sich. Noch heute gehört die „Weitergabe“ von (administrativen, innerbetriebli-

ne *copie* plus, elle *téléphone*: la voix apparaît paradoxalement plus responsable que l'écriture).

Signature.

Avec la signature, l'écriture s'*approprie*, c'est-à-dire qu'elle devient à la fois l'expression d'une identité et la marque d'une propriété; elle assure à celui qui le signe la jouissance de son produit; elle authentifie l'engagement de la personne; c'est une pièce majeure du système économique mais aussi psychologique; née légalement à l'aube du capitalisme (c'est une ordonnance d'Henri II, en 1554, qui rend obligatoire l'apposition du nom après un écrit), la signature se développe historiquement au rythme de l'idéologie bourgeoise (idéologie conjointe de la personne et de la propriété); en 1690, 21% des Français savent signer leur nom; en 1790, 37%; en 1890, 72%.

Social.

Dans la société sumérienne, les scribes appartenaient aux familles les plus riches; le scriba-

chen, kommerziellen) Geschäftsdirektiven in den Bereich einer Technik und einer Profession: die Maschinenschrift, die Stenographie, die Stenotypistin, die Direktionssekretärin (letztere ist merkwürdigerweise im Wert gestiegen: gerade sie *schreibt* nicht mehr ab, sie *telephoniert*: die Stimme erscheint paradoxerweise mit mehr Verantwortung ausgestattet als die Schrift).

Signatur.

Mit der Signatur *eignet* die Schrift sich *an*, das heißt: sie wird miteins Ausdruck einer Identität und Zeichen eines Eigentums; sie sichert dem, der sie leistet, den Genuss seines Produktes zu, sie beglaubigt den Einsatz der Person; das ist ein Hauptstück des ökonomischen, aber auch des psychologischen Systems; auch sie in der Morgenröte des Kapitalismus geboren (nämlich aus einer Ordonnanz Heinrichs II. im Jahre 1554, die die Hinzufügung des Eigennamens unter einem Schriftsatz verbindlich macht), entwickelt sich die Signatur historisch im Rhythmus der bürgerlichen Ideologie (gemeinsame Ideologie der Person und des Eigentums); im Jahre 1690 können 21% der Franzosen mit ihrem Namen unterschreiben; 37% im Jahre 1790 und 72% 1890.

Sozial.

In der sumerischen Gesellschaft gehören die Schreiber den reichsten Familien an; das Schrei-

riat (d'où étaient exclues les femmes) était un métier très considéré: certains scribes deviennent rois: l'écriture, instrument direct du pouvoir, en est en quelque sorte la voie sélective. Chez les Etrusques, où l'écriture semble avoir eu une valeur plus religieuse que comptable, elle reste cantonnée dans la classe sacerdotale (aristocratique): prêtres, haruspices, maîtres de rites). Et par un paradoxe qui n'est qu'apparent, en même temps qu'elle est marque du pouvoir, l'écriture est une marchandise. Dans tout le Proche-Orient ancien, singulièrement chez les Hittites, les scribes furent toujours un butin de choix pour les conquérants; chez les Romains, l'apprentissage de l'écriture tenait une place importante dans l'éducation des esclaves (les particuliers se constituaient des bibliothèques en faisant copier par leurs esclaves les livres empruntés). L'écriture se déplace ainsi le long de l'échelle sociale: tantôt marque sélective de la classe aristocratique, tantôt, à l'inverse, mais selon une même finalité, mise au nombre des biens dont dispose cette classe, elle est associée aux basses classes: elle oscille entre la marque et la marchandise, le signe et l'instrument. C'est ainsi qu'au XIXe siècle même, la bourgeoisie féminine avait son écriture, issue de l'Institution du Sacré-Cœur (c'était un signe), cependant qu'au même moment Bouvard et Pécuchet sont copistes dans une maison de commerce et au ministère de la Marine (c'était un instrument, le substitut anticipé de la machine).

beramt (von dem die Frauen ausgeschlossen blieben) war ein sehr angesehener Beruf: manche Schreiber werden Könige: die Schrift, direktes Instrument der Macht, ist gewissermaßen ihre selektive Spur. Bei den Etruskern, wo die Schrift einen eher religiösen als buchhalterischen Wert gehabt zu haben scheint, bleibt sie auf die Klasse der (aristokratischen) Mandarine beschränkt: Priester, Haruspizes, Ritualmeister. Und durch eine nur allzu offensichtliche Paradoxie ist die Schrift, in eben dem Maße, wie sie von der Macht gezeichnet wird, eine Ware. Im ganzen Nahen Osten der Antike, besonders bei den Hethitern, waren die Schreiber immer eine bevorzugte Jagdbeute der Eroberer; bei den Römern nahm die Erlernung der Schrift einen wichtigen Platz in der Erziehung der Sklaven ein (die privaten Geschäftsleute richteten sich im Schatten der Bibliotheken ein, indem sie die entliehenen Bücher von ihren Sklaven kopieren ließen). Die Schrift bewegt sich so längs der sozialen Stufenleiter fort: bald selektives Zeichen der aristokratischen Klasse, bald umgekehrt, aber mit derselben Zweckrichtung, zur Zahl der Güter gerechnet, über die diese Klasse verfügt, wird sie mit den unteren Klassen assoziiert: sie oszilliert zwischen Marke und Ware, zwischen Zeichen und Instrument. Genauso hatte selbst im 19. Jahrhundert die weibliche Bourgeoisie ihre eigene Schrift, hervorgegangen aus der [geistlichen] Lehranstalt von Sacré-Cœur (ei-

Tachygraphie.

Combien de nouvelles écritures, par le relais de la cursivité, sont nées du besoin d'écrire plus vite! Le démotique égyptien est du hiéroglyphique simplifié et accéléré par l'usage de ligatures (puisque discontinuer le tracé prend plus de temps que le continuer); c'est parce qu'ils devaient écrire plus vite que les Sumériens ont bouleversé leur premier système graphique, passant du pictogramme (dit-on) au cunéiforme, du poinçon au roseau taillé en biseau, évitant les courbes et changeant l'orientation des tablettes. Dans toute l'histoire de l'écriture, il y a une obsession économique: gagner du temps – mais aussi gagner de l'espace (car le support peut coûter cher); on invente des abréviations parce qu'elles économisent le parchemin (parfois gagner de la place est plus précieux que gagner du temps: au Moyen Age latin, on raccourcit des mots, mais l'on reproduit soigneusement ce qui ne prend pas de place: les esprits, les accents): des notes tironiennes, abréviations inventées, dit-on, par Tiron, affranchi de Cicéron, et qui furent florissantes dans les manuscrits du IXe au XVe siè-

nem Zeichen), während zum gleichen Zeitpunkt Bouvard und Pécuchet Kopisten in einem Handelshaus und im Marineministerium sind (einem Instrument, dem vorweggenommenen Substitut der [Schreib-]Maschine).

Kurzschrift.

Wie viele neue Schriften sind nicht, auf dem Wege über die Kurrentschrift, aus dem Bedürfnis entstanden, schneller zu schreiben! Die ägyptische Demotik ist eine vereinfachte Hieroglyphenschrift und wird durch den Gebrauch von Ligaturen beschleunigt (weil es mehr Zeit erfordert, den Schriftzug zu diskontinuieren, dabei abzusetzen, als ihn kontinuierlich zu halten); weil sie schneller schreiben mussten – eben deshalb haben die Sumerer ihr erstes graphisches System umgestürzt, indem sie (angeblich) vom Piktogramm zur Keilschrift, vom Stichel zum Schilfrohr mit angeschrägter Schnittfläche übergingen, die Kurven vermeidend und die Laufrichtung der Täfelchen verändernd. In der ganzen Geschichte der Schrift ist eine ökonomische Obsession spürbar: Zeit gewinnen – aber auch Raum gewinnen (denn der Beschreibstoff ist teuer): man erfindet Abkürzungen, weil sie das Pergament ökonomisch nutzen (manchmal ist Raumgewinn kostbarer als Zeitgewinn: im lateinischen Mittelalter kürzt man die Wörter ab, reproduziert aber sorgsam alles, was keinen Platz einnimmt: die

cle, à l'époque de la caroline et de la gothique (du type *ff* pour *filii*), aux sténographies actuelles, les systèmes tachygraphiques furent innombrables.

Une raison plus profonde – ou, si l'on préfère, plus vertigineuse – peut pousser à écrire vite (l'économique peut être surdéterminé par le poétique): *que la main soit aussi rapide que la pensée*; c'est là un vieux rêve surréaliste (et cependant Quintilien l'avait déjà formulé). En Allemagne, à la fin du XIXe siècle, peut-être pour cette raison, les intellectuels tentèrent de provoquer un mouvement en faveur de l'écriture sténographique (on sait que Husserl lui-même pratiquait sa propre sténographie). Il vient un moment où ce n'est pas «créer» ou «penser» qui apparaît lent, mais noter ce qu'on crée, ce qu'on pense: l'éclair est du côté de la tête, le travail du côté de la main; dans des cas extrêmes, la production mentale devient, semble-t-il, tout à fait intemporelle; il ne reste plus que le temps du corps: Schumann écrivit sa *Sonate pour piano et violon en la mineur* (trois ans avant sa folie) en vingt-quatre heures. Sur le plan même de la seule écriture, la prouesse est à peine concevable.

Spiritus*, die Akzente): von den tironischen Notizen – angeblich von Tiro, dem Freigelassenen Ciceros, erfundenen Abkürzungen, die in den Manuskripten vom 9. bis zum 15. Jahrhundert in Blüte standen, also zur Zeit der karolingischen und der gotischen Schrift (vom Typ *ff* für *filii*) – bis zu den heutigen Stenographien waren die tachygraphischen Systeme zahllos.

Ein tieferer – oder, wenn man das vorzieht: eher Schwindel erregender – Grund kann einen dazu anspornen, schnell zu schreiben (das Ökonomische kann durch das Poetische überdeterminiert sein): *die Hand möge schneller sein als das Denken*; das ist ein alter surrealistischer Traum (den aber doch schon Quintilian formuliert hatte). In Deutschland versuchten gegen Ende des 19. Jahrhunderts, wahrscheinlich aus eben diesem Grunde, die Intellektuellen eine Bewegung zugunsten der stenographischen Schrift ins Leben zu rufen (man weiß, dass sogar Husserl eine eigene Stenographie praktizierte). Es kommt ein Zeitpunkt, da nicht das „Denken" oder „Schaffen" langsam erscheint, sondern das Notieren dessen, was man schafft und denkt: der Geistesblitz steht auf Seiten des Kopfes, die Arbeit auf Seiten der Hand; in Extremfällen wird die geistige Pro-

* Gemeint ist der *esprit doux* und der *esprit rude*, die Entsprechungen des *spiritus lenis* und des *spiritus asper*, der (griechischen) Zeichen für den stimmlos bzw. stimmhaft behauchten Vokal (z. B. ἀ und ἁ). [A.d.Ü.]

IV. Jouissance

Copie.

Comme punition, on obligeait autrefois les écoliers à copier des phrases, des conjugaisons; la page d'écriture était une corvée; mais d'un autre côté, certains éprouvent (éprouvaient?) une volupté à écrire, à faire glisser la plume, à tracer l'arabesque des mots sans aucun égard pour ce qu'ils veulent dire: ayant parcouru toutes les déceptions du savoir, Bouvard et Pécuchet retournent à la copie.

L'écriture est donc une pratique manichéenne: castratrice et/ou rédemptrice. C'est dire que, dans les expériences de scription pure (puisqu'elles se conduisent sans aucune considération de contenu), c'est le corps et le corps seul qui est engagé: retirez le sens, il reste le corps, tantôt astreint, tantôt gratifié. (Remarquons que

duktion anscheinend gänzlich zeitlos; es bleibt nur die Zeit des Körpers: Schumann schrieb seine *Sonate für Klavier und Violine in a-moll* (drei Jahre vor seiner geistigen Umnachtung) in vierundzwanzig Stunden. Sogar hinsichtlich der bloßen Niederschrift dieses Werkes ist das Wunder kaum vorstellbar.

IV. Genuss

Kopie.

Als Strafarbeit gab man den Schülern früher auf, Sätze abzuschreiben, Konjugationen; die handschriftliche Seite war eine Fronarbeit; auf der anderen Seite aber verspüren (verspürten?) manche Individuen eine regelrechte Wollust zu schreiben, die Feder gleiten zu lassen, die Arabeske der Wörter ohne jede Rücksicht auf das, was sie sagen wollen, auszuzieren: nachdem sie alle Enttäuschungen des Wissens durchlaufen haben, wenden sich Bouvard und Pécuchet wieder dem Abschreiben zu.
Die Schrift ist also eine manichäische Praxis: kastrierend und/oder erlösend. Das heißt, dass in die Erfahrungen der reinen Skriptur (weil sie ohne Rücksicht auf den Inhalt gemacht werden) der Körper und allein der Körper ein-

les éducateurs prêtent à l'enfant le dégoût des formes pures, des gestes gratuits, comme s'il était incapable d'accéder encore – par défaut de sexualité? – à la caresse graphique, tandis que pour le romancier – il est vrai qu'il s'agit de Flaubert – le bonheur de la pure copie ne se produit qu'au terme d'une longue initiation: c'est une sagesse suprême: la sagesse du corps qui ne donne aucun alibi de sens à son exercice.)

Corps.

Au début du XVIe siècle, Geoffroy Tory s'émerveille devant les épigraphies latines (et contribuera dès lors à substituer aux typographies manuscrites des premiers imprimés le modèle antique, d'origine monumentale, pêtroglyphique). Cet émerveillement, gratuit, si l'on peut dire, ne pouvait venir que d'un corps, en proie à une volupté que nous dirions improprement esthétique: la pensée (une certaine découverte)

bezogen ist: ziehen Sie den Sinn ab, es bleibt der Körper, bald gezwungen, bald belohnt. (Merken wir an, dass die Erzieher dem Kind den Abscheu vor reinen Formen einimpfen, vor unmotivierten Gesten, so als ob es unfähig wäre, schon Zugang – aus Mangel an Sexualität? – zur graphischen Liebkosung zu finden, während für den Romancier – es handelt sich allerdings um Flaubert – das Glück der reinen Abschrift sich erst am Ende einer langen Initiation einstellt: es ist eine oberste Weisheit: die Weisheit des Körpers, der ihrer Ausübung keinerlei Alibi des Sinnes gibt.)

Körper.

Zu Beginn des 16. Jahrhunderts gerät Geoffroy Tory* angesichts lateinischer Epigraphien in Erstaunen (und wird fortan dazu beitragen, an die Stelle handschriftlicher Typographien der ersten Drucke das antike Modell monumentalen, petroglyphischen Ursprungs zu setzen). Dieses unmotivierte Erstaunen, wenn man so sagen kann, konnte nur einem Körper im Banne einer Wollust entstammen, die wir fälschlicherweise ästhetisch nennen würden:

* Geoffroy Tory (um 1480–1533), Buchhändler und Buchdrucker in Paris – mit Ausgaben von Quintilian, Xenophon, Lukian, Diodorus Siculus, aber auch von Marot und Amyot –, errang europäische Berühmtheit mit seinen «lettres fleuries», *i.e.* großen vignettengeschmückten Initialen. [A.d.Ü.]

du corps, a marqué la Renaissance: l'écriture pouvait être rendue au corps (l'écriture manuscrite du XVIe siècle est bien plus libre que celle des siècles suivants, pendant lesquels l'écriture de nouveau s'institutionnalise, s'étatise: Colbert légifère la pratique de l'écriture par l'établissement d'une corporation des maîtres-écrivains).

Nous connaissons aujourd'hui assez bien la physiologie du corps en train d'écrire, du moins celle de notre corps occidental (il faut toujours maintenir une distinction forte entre la scription de la lettre et celle de l'idéogramme). Nous savons que le geste le plus bref ne peut s'abaisser au-dessous des 8/100e d'une seconde et que c'est à cette vitesse que – si nous sommes entraînes – nous exécutons les traits élémentaires de notre écriture. Nous savons que nous traçons les ronds de nos lettres dans le sens rétrograde (contraire à celui des aiguilles d'une montre); que nous faisons les tracés longs plus rapidement que les tracés courts, en sorte que les deux tracés s'égalisent et que nous mettons le même temps à écrire un *a* et un *d*; nous savons aussi que nous écrivons les jambages inférieurs plus aisément que les jambages supérieurs; nous savons enfin qu'il nous faut plus de temps pour écrire un point que pour écrire une virgule, car ce qui coûte, en écriture, c'est de lever la plume (toute la portée *économique* de la cursive est là: d'où les hastes bouclées du XIVe siècle où l'on décou-

das Denken (eine gewisse Entdeckung) des Körpers hat die Renaissance geprägt: die Schrift konnte dem Körper zurückgegeben werden (die handgeschriebene Schrift des 16. Jahrhunderts ist sehr viel freier als die der folgenden Jahrhunderte, in deren Verlauf die Schrift erneut institutionalisiert, verstaatlicht wird: Colbert erleichtert die Praxis des Schreibens durch die Stiftung einer Zunft von Meister-Schriftstellern).

Wir kennen die Physiologie des Körpers beim Schreiben heute ziemlich genau, wenigstens die unseres westlichen Körpers (man muss immer eine scharfe Trennung zwischen dem Schreiben eines Buchstabens und dem eines Ideogramms aufrechterhalten). Wir wissen, dass die kürzeste Geste nicht unter acht Hundertstel einer Sekunde sinken kann, und mit eben dieser Geschwindigkeit – wenn wir geübt sind – führen wir auch die Grundstriche unserer Schrift aus. Wir wissen, dass wir die Rundungen unserer Buchstaben im gegenläufigen Sinne (umgekehrt zum Uhrzeigersinn) ausführen; dass wir lange Striche schneller als kurze machen, so dass die beiden Stricharten sich ausgleichen, und dass wir dieselbe Zeit aufwenden für die Schreibung von *a* und *d*; wir wissen auch, dass wir die unteren Grundstriche leichter schreiben als die oberen; wir wissen schließlich, dass wir mehr Zeit zum Schreiben eines Punktes als zum Schreiben eines Kommas brauchen, denn was beim Schreiben Zeit kostet, ist das Heben der Feder

vrit qu'il valait mieux écrire le mot d'un seul trait).

Nous savons tout cela (je ne note ici que certains traits inattendus de la scription), mais le savoir n'est que physiologique, et le corps est bien plus (autre chose) que sa propre physiologie. Sans parler de l'inconscient, dont nous savons mal comment il écrit – parce que la psychanalyse a été jusqu'à aujourd'hui connaissance de la parole et non de l'écrit – bien qu'il fasse un grand usage de la «lettre» – il faudra un jour s'interroger sur ces deux fonds de l'écriture: d'une part, la sexualité (tout le monde sait qu'en arrivant à la puberté les enfants changent d'écriture comme de voix) et, d'autre part, le rythme (l'activité cadencée serait inscrite dans la partie la plus archaïque de nos structures encéphaliques; et les anthropologues nous apprennent que, des millénaires avant la naissance de l'écriture véritable – attestée –, les hommes ont produit des inscriptions abstraites et rythmées).

La relation à l'écriture, c'est la relation au corps. Cette relation, bien entendu, passe par le relais (par le code) d'une culture, et cette culture varie de l'Orient à l'Occident. Nous ne maîtrisons pas notre corps de la même façon qu'un Asiatique, nous ne vivons pas notre écriture comme il la vit.

(darin liegt die ganze *ökonomische* Tragweite der Kurrentschrift: daher die schleifigen Kürzel des 14. Jahrhunderts, denen man entnehmen kann, dass es besser war, ein Wort in einem einzigen Zug zu schreiben.)
Wir wissen das alles (ich verzeichne hier lediglich bestimmte auffallende Züge der Schreibung), aber das Wissen ist nur physiologisch, und der Körper ist mehr (anderes) als seine eigene Physiologie. Ohne vom Unbewussten zu reden, von dem wir nur ungenau wissen, wie es schreibt – weil die Psychoanalyse bis heute Erkenntnis der Rede und nicht der Schrift gewesen ist, obwohl sie weitläufigen Gebrauch vom „Buchstaben" macht –, müssten eines Tages die folgenden beiden Grundlagen der Schrift erforscht werden: einerseits die Sexualität (jedermann weiß, dass die Kinder beim Eintritt in die Pubertät Veränderungen der Schrift ebenso erleiden wie der Stimme) und andererseits der Rhythmus (die rhythmische Aktivität ist in der archaischsten Partie unserer Hirnstrukturen heimisch; und die Anthropologen lehren uns, dass die Menschen bereits Jahrtausende vor der Geburt der wirklichen – bezeugten – Schrift abstrakte und rhythmische Inschriften hervorgebracht haben).
Die Beziehung zur Schrift – das ist die Beziehung zum Körper. Diese Beziehung verläuft selbstredend durch das Relais (durch den Code) einer Kultur, und diese Kultur variiert von Osten nach Westen. Wir beherrschen un-

En Occident, dans l'éducation, l'écriture du jeune écolier a été contrainte communément par des lois: réduction des écritures permises à quelques types codés, emploi de cahiers réglés, assujettissement à des modèles; il ne s'agissait pas de produire une écriture esthétique, mais une écriture conforme. La novation apportée par certains éducateurs a donc porté essentiellement sur la libération du corps et l'expression de la personnalité: rénover l'apprentissage de l'écriture, c'est faire en sorte que tout le corps, dans la complexité de ses coordinations, s'y investisse; contre la rigidité de l'ancienne éducation, la valeur supérieure est désormais l'aise; Mme Montessori déconseille les bâtons (symbole répressif s'il en fût) et recommande de commencer par les lettres rondes. Parce qu'elle prolonge le corps, l'écriture engage immanquablement une éthique; à la fin du XIXe siècle, on vante les avantages de l'écriture droite: elle oblige l'enfant à tenir son corps droit, de front, les deux bras sur la table, les deux yeux à égale distance du papier; confusion courante de la gymnastique et de la morale, on exploite l'amphibologie du *droit*, qui est

seren Körper nicht auf dieselbe Weise wie ein Asiate, wir leben unsere Schrift nicht, wie er sie lebt.

Im Schulwesen des Abendlandes ist die Schrift des kleinen Schülers gewöhnlich durch Regeln erzwungen gewesen: Reduktion der erlaubten Schriften auf einige wenige codierte Typen, Benutzung genormter Hefte, Unterwerfung unter Modelle; es handelte sich nicht darum, eine ästhetische Schrift zu produzieren, sondern eine konforme Schrift. Die von manchen Erziehern eingebrachte Neuerung hat sich im Wesentlichen auf die Befreiung des Körpers und den Ausdruck der Persönlichkeit bezogen: den Schreibunterricht erneuern heißt gewissermaßen darauf hinwirken, dass sich der ganze Körper in der Komplexität seiner Koordinationen darin einbringt; gegen die Strenge des alten Unterrichts ist der oberste Wert von jetzt an die Bequemlichkeit; Mme Montessori rät von den senkrechten Strichen ab (ein repressives Symbol, wenn es denn je eins gab) und empfiehlt, mit den runden Buchstaben zu beginnen. Weil die Schrift eine Verlängerung des Körpers ist, bringt sie unweigerlich eine Ethik mit sich; gegen Ende des 19. Jahrhunderts preist man die Vorteile der geraden Schrift: sie zwingt das Kind, den Körper gerade zu halten, frontal, die Arme auf dem Tisch, die Augen in gleicher Distanz vom Papier; in häufiger Verwechslung von Gymnastik und Moral beutet man die Amphibolie des *Geraden*

à la fois rectitude physique et droiture morale: écrire droit, c'est écrire franc; à la limite, c'est obligatoirement ne pas mentir. Puis la morale s'est adoucie, les valeurs d'aise, de confort l'ont emporté; on édicte aujourd'hui (fort scientifiquement) que la meilleure écriture, c'est l'écriture légèrement penchée: le mouvement latéral de la main y est facile et rapide, cependant qu'un reste de droiture s'y justifie par la pesée du corps qui tire naturellement les lettres de haut en bas. Si l'on ajoute à ce compromis heureux le pouvoir glissant, caressant de la pointe bille de feutre, on obtient de notre écriture actuelle une image à peu près paradisiaque: corps lié, rapide, léger, en un mot (les poètes et les rêveurs connaissent bien le bonheur de cette image), *corps qui s'envole*.

En Occident, par suite peut-être des contraintes judéo-chrétiennes, la valeur suprême est toujours la liberté: l'écriture heureuse est l'écriture libérée. En Orient, on le sait, c'est (ou du moins ce fut) tout autre chose. L'écriture a été dès son origine liée au dessin (ceci est conforme à la phylogenèse, à ce qu'on peut savoir des tracés préhistoriques, et à l'ontogenèse puisque déjà, au dire de Pestalozzi, l'enfant est apte à dessiner deux ans avant d'écrire): c'est un

aus, die miteins physische Geradheit und moralische Geradlinigkeit meint: gerade schreiben heißt geradeheraus schreiben; im Grenzfall bedeutet das obligatorisch: nicht lügen. Dann wird die Moral sanfter, die Werte von Bequemlichkeit und Komfort haben die Oberhand behalten; heute verordnet man (streng wissenschaftlich), dass die beste Schrift die leicht geneigte Schrift ist: die seitliche Bewegung der Hand ist dabei beschwingt und rasch, während ein Rest von Geradheit gerechtfertigt wird durch das Gewicht des Körpers, das die Buchstaben ganz natürlich von oben nach unten zieht. Wenn man diesem glücklichen Kompromiss noch die gleitende, streichende Macht der Spitze des Filzstiftes hinzufügt, erhält man von unserer heutigen Schrift ein beinahe paradiesisches Bild: ein eingebundener, rascher, leichter Körper, mit einem Wort (die Dichter und die Träumer kennen das Glück dieses Bildes sehr genau) ein *Körper, der enteilt*.

Im Abendland ist der oberste Wert, vielleicht infolge jüdisch-christlicher Zwänge, noch immer die Freiheit: die glückliche Schrift ist die befreite Schrift. Bekanntlich ist (oder war das zumindest) im Orient ganz anders: die Schrift hat da von ihrem Ursprung an mit der Zeichnung im Bunde gestanden (das ist konform mit der Phylogenese, soweit man das prähistorischen Zeichnungen entnehmen kann, und mit der Ontogenese, weil, so Pestalozzi, das Kind

même geste que celui de l'artiste et celui du scripteur. L'écriture orientale est donc logiquement calligraphique; c'était un art noble (aux côtés du tir à l'arc, de la musique, de la science divinatoire des nombres, de la conduite, des chars), voire magique, impliquant une maîtrise psychosomatique; en Occident, il s'agissait de dompter le corps (et par suite de l'émanciper); en Orient, de le maîtriser (et par suite, d'affiner sa jouissance). Le développement de l'ecriture orientale, c'est donc la peinture dans son immensité.

Il est bien âne de nature
Qui ne peut lire son écriture.

Ce proverbe charmant est faux. Que puis-je lire de moi-même? Ne suis-je pas cela même qui échappe à ma propre lecture? Qu'est-ce que je puis connaître de mon corps? Une image spéculaire inversée et plane. Que puis-je connaître de mon écriture? A peine son degré de conformité à la culture qui m'entoure, à quelques modèles estimables. Pour le reste, je ne connais de mon écriture que ce que je connais de mon corps: une cénesthésie, l'expérience d'une pression, d'une pulsion, d'un glissement, d'un rythme: une production, non un produit, une jouissance, non une intelligibilité.

bereits zwei Jahre früher zeichnen als lesen kann): es ist dieselbe Geste – die des Künstlers und die des Schreibers. Die orientalische Schrift ist also logischerweise kalligraphisch; es war eine edle Kunst (neben der des Bogenschießens, der Musik, der Zahlenwahrsagerei, des Benehmens, der Wagenrennen), ja, sogar eine magische Kunst, die eine psychosomatische Beherrschung einschloss; im Orient handelte es sich darum, den Körper zu bezähmen (und ihn folglich zu emanzipieren). Die Weiterentwicklung der orientalischen Schrift ist also die Malerei in ihrer ganzen Weitläufigkeit.

Es ist ein eselhafter Wicht,
Wer nicht kann lesen seine Schrift.

Dieses gefällige Sprichwort ist falsch. Was kann ich von mir lesen? Bin ich nicht sogar das, was sich meiner eigenen Lektüre entzieht? Was kann ich von meinem Körper kennen? Ein seitenverkehrtes und planes Spiegelbild. Was kann ich von meiner Schrift kennen? Nur eben ihren Grad von Konformität mit der mich umgebenden Kultur, mit einigen schätzenswerten Modellen. Was den Rest betrifft, kenne ich von meiner Schrift nur das, was ich von meinem Körper kenne: eine Kinästhesie, die Erfahrung eines Druckes, eines Triebes, eines Gleitens, eines Rhythmus: eine Produktion, kein Produkt, ein Genuss, keine Intelligibilität.

Couleur.

A interroger: les écritures colorées – le peu qui en existe. La couleur, c'est la pulsion; nous avons peur d'en signer nos messages; c'est pourquoi nous écrivons noir; nous ne nous permettons que des exceptions réglées, platement emblématiques: du bleu pour la distinction, du rouge pour la correction. Toute saute de couleur est particulièrement incongrue: imagine-t-on des missives jaunes ou roses, voire grises? des livres en brun-rouge, en vert forêt, en bleu indien? Et pourtant: qui sait si le sens des mots n'en serait pas changé? Non point, bien sûr, le sens lexicographique, qui, au fond, est peu de chose, mais le sens modal; car les noms ont des modes, comme les verbes, une manière de porter, d'épanouir ou de contraindre le sujet qui les énonce. La couleur devrait faire partie de cette grammaire sublime de l'écriture, qui n'existe pas: grammaire utopique, et non point normative.

Cursivité.

Nous croyons volontiers que l'état normal de la lettre, c'est la minuscule: la majuscule n'en serait que l'état exceptionnel, emphatique, cérémonial. Historiquement, c'est tout le contraire: on écrivit d'abord (je parle des Grecs et des Latins) tout en capitales et puis, à force d'accélérer la vitesse de la scription, on lia les

Farbe.

Zu befragen bleiben: die kolorierten Schriften – das Wenige, was davon erhalten ist. Die Farbe, das ist der Trieb; wir haben Angst, unsere Botschaften damit zu signieren; deshalb schreiben wir schwarz; wir erlauben uns nur geregelte, platt emblematische Ausnahmen: blau für die Auszeichnung, rot für die Korrektur. Jeder plötzliche Farbwechsel ist besonders inkongruent: stellt man sich etwa gelbe oder rote, ja, sogar graue Briefe vor? rot-braune Bücher, gras-grüne, indisch-blaue? Und doch: wer weiß, ob der Sinn der Wörter dadurch nicht verändert würde? Sicherlich nicht der lexikographische Sinn, der im Grunde unbeträchtlich ist, aber der modale Sinn; denn die Namen haben Modi wie die Verben, eine Art und Weise, das sie aussprechende Subjekt zu tragen, aufblühen zu lassen oder zu nötigen. Die Farbe müsste Bestandteil dieser sublimen Grammatik der Schrift sein, die nicht existiert: eine utopische und keineswegs normative Grammatik.

Kurrentschrift.

Wir glauben bereitwillig, dass der Normalzustand des Buchstabens die Minuskel ist: die Majuskel wäre dann der emphatische, zeremoniöse Ausnahmezustand. Historisch ist das genaue Gegenteil richtig: man schrieb zunächst (ich spreche von den Griechen und Römern) alles in Kapitalbuchstaben und ver-

lettres, on accepta de les irrégulariser, de les pourvoir de hastes et de jambages, marques du lâcher de la main et on aboutit à la minuscule. La minuscule est donc un produit de cé phénomène si important pour l'écriture: la *cursivité*. Que l'écriture courre! Après quoi? le temps, la parole, la pensée, l'argent. Que ma main aille aussi vite que ma langue, mes yeux: vieux rêve démiurgique, de Quintilien aux Surréalistes.

Ductus.

En 1866, Wattenbach appelle l'attention sur un élément capital de la scription: le *ductus*. Si cet élément est capital, comment se fait-il qu'on ne l'ait pas découvert plus tôt? C'est que précisément jusqu'alors on s'occupait plus de l'écriture comme produit que comme production; or le *ductus* n'est pas une forme, c'est un mouvement et un ordre, bref une temporalité, le moment d'une fabrication; on ne peut le saisir que si l'on fixe mentalement l'écriture *en train de se faire* et non l'écriture faite (c'est cette écriture-là qu'on appelle ici *scription* pour la distinguer de l'écriture proprement dite, ou corps stable, objectif, des formes graphiques). Et c'est aussi parce que notre modernité la plus

band dann die Buchstaben miteinander, um die Geschwindigkeit der Schreibung zu erhöhen, man erlaubte sich, sie regelwidrig zu verwenden, sie mit Kürzeln und Strichen auszustatten – Zeichen der Ermüdung der Hand –, und langte bei der Minuskel an. Die Minuskel ist mithin ein Produkt jenes für die Schrift so wichtigen Phänomens: der *Kurrentschrift*. Die Schrift soll rennen! Hinter wem her? Hinter der Zeit, der Rede, dem Denken, dem Geld. Auch die Hand soll ebenso schnell rennen wie die Sprache, die Augen: alter demiurgischer Traum, von Quintilian bis hin zu den Surrealisten.

Duktus.

Im Jahre 1866 lenkt Wattenbach die Aufmerksamkeit auf ein entscheidend wichtiges Element der Schreibung: den *ductus*. Wenn dieses Element so wichtig ist, woran liegt es dann, dass es nicht früher entdeckt wurde? Weil man sich bis dahin eben mehr mit der Schrift als Produkt denn als Produktion befasste; der *ductus* aber ist keine Form, er ist Bewegung und Ordnung, kurz Temporalität, der Augenblick einer Herstellung; man kann ihn erst dann erfassen, wenn man die Schrift mental *im Begriff ihrer Verfertigung* fixiert und nicht die fertige Schrift (es ist eben diese Schrift, die hier *Schreibung* genannt wird, um sie von der Schrift im eigentlichen Sinne oder vom stabi-

récente nous entraîne à accentuer l'importance de la production (en opposant la productivité du texte à la structure de l'œuvre) que le *ductus* nous semble aujourd'hui une part importante de l'événement scriptural.

Le *ductus*, c'est à la fois l'ordre dans lequel la main trace les différents traits qui composent une lettre (ou un idéogramme) et le sens selon lequel chaque trait est exécuté. Ordre et sens sont réglés, le *ductus* est un code; dans les écritures modernes (personnelles), le code (qui reste souple et en partie sinon aléatoire, du moins individuel) vient, si l'on peut dire, de la physiologie qui, pour des raisons d'aise ou d'économie, entraîne à faire les traits d'une lettre dans un certain sens et dans un certain ordre; par exemple, les ronds sont rétrogrades, les barres tirées de haut en bas; dans les grandes écritures professionnelles (par exemple celle des ateliers d'écriture – *scriptoria* – du Moyen Age, ou celle de l'idéographie chinoise), le code est immuable: c'est un véritable *programme*, une chaîne opératoire si stable que, dans les dictionnaires chinois (ou japonais), les idéogrammes sont classés en fonction du *ductus* qui règle institutionnellement leur exécution; de même – témoignage de la primauté du *ductus* – dans les écritures du Bas-Empire, les ligatures (entre les mots) ne dépendent plus du sens, mais du *ductus*: la main (du copiste) règne, c'est elle qui fait la loi.

len, objektiven Korpus der graphischen Formen zu unterscheiden). Und auch deshalb, weil unsere jüngste Moderne dazu anleitet, die Bedeutung der Produktion zu akzentuieren (indem sie die Produktivität des Textes der Struktur des Werkes entgegensetzt), erscheint uns der *ductus* heute als bedeutsamer Teil des skripturalen Ereignisses.

Der *ductus* – das ist miteins die Ordnung, in der die Hand die verschiedenen Striche zieht, die einen Buchstaben (oder ein Ideogramm) bilden, und die Richtung, der gemäß jeder Strich ausgeführt wird. Ordnung und Richtung sind geregelt, der *ductus* ist ein Code; in den modernen (persönlichen) Schriften kommt der Code (der geschmeidig bleibt und wenn auch nicht zufallsabhängig, so doch individuell) aus – wenn man so sagen darf – der Physiologie, die dazu anleitet, die Striche eines Buchstabens in einer bestimmten Richtung und einer bestimmten Ordnung zu ziehen; beispielsweise sind die Rundungen rückläufig, die Balken werden von oben nach unten gezogen; in den großen professionellen Schriften (beispielsweise der Schriftwerkstätten – *scriptoria* – des Mittelalters oder der chinesischen Ideographie) ist der Code unveränderlich: es ist ein wirkliches *Programm*, eine so stabile operative Kette, dass in den chinesischen (oder japanischen) Wörterbüchern die Ideogramme nach dem *ductus* klassifiziert werden, der ihre Ausführung institutionell regelt; ebenso – Zeugnis des

Voilà pourquoi le *ductus* est important: parce que c'est un fait de production (et non une forme du produit); ensuite parce qu'il représente à l'état vif l'insertion du corps dans la lettre; enfin parce que cette insertion est codée. Le *ductus*, c'est le geste humain dans son ampleur anthropologique: là où la lettre manifeste sa nature manuelle, artisanale, opératoire et corporelle.

Infini.

J'ai devant moi une page de manuscrit; quelque chose qui participe à la fois de la perception, de l'intellection, de l'association – mais aussi de la mémoire et de la jouissance –, et qu'on appelle la lecture, se met en marche. Cette lecture, où vais-je, où puis-je l'arrêter? Certes, je vois bien de quel espace mon œil part; mais vers quoi? Sur quel autre espace accommode-t-il? Va-t-il *derrière* le papier? (mais derrière le papier, il y a la table). Quels sont les plans que toute lecture découvre? Comment est construite la cosmogonie que ce simple regard postule? Singulier cosmonaute, je traverse bien des mondes, sans m'arrêter à aucun d'eux: la blancheur du

Primats des *ductus* – hängen in den Schriften des spätrömischen Reiches die Ligaturen (zwischen den Wörtern) nicht mehr vom Sinn ab, sondern vom *ductus*: die Hand (des Kopisten) herrscht, sie ist es, die das Gesetz gibt.
Eben deshalb ist der *ductus* wichtig: weil er ein Produktionsfaktor ist (und keine Produktform); weiter weil er, und zwar ganz lebendig, die Einführung des Körpers in den Buchstaben repräsentiert; und weil diese Eingliederung schließlich codiert ist. Der *ductus* – das ist die menschliche Geste in ihrem anthropologischen Umfang: da, wo der Buchstabe sein manuelles, handwerkliches, operatives und körperliches Wesen manifestiert.

Unendlich.

Ich habe eine Manuskriptseite vor mir; etwas, das gleichzeitig an der Perzeption, der Intellektion, der Assoziation teilhat – aber auch am Gedächtnis und am Genuss – und das man Lektüre nennt, setzt sich in Gang. Diese Lektüre, wo werde ich, wo kann ich damit innehalten? Sicher, ich sehe genau, von welchem Raum mein Auge ausgeht; aber wohin? Welchem anderen Raum passt es sich an? Reicht es *hinter* das Papier? (aber hinter dem Papier ist der Tisch). Welches sind die Ebenen, die jede Lektüre entdeckt? Wie ist die Kosmogonie beschaffen, die dieser einfache Blick postuliert? Sonderbarer Kosmonaut, der ich bin, durch-

papier, la forme des signes, la figure des mots, les règles de la langue, les contraintes du message, la profusion des sens associés. Même voyage infini dans l'autre sens tout au long de celui qui écrit: du mot écrit, je pourrais remonter à la main, au muscle, au sang, à la pulsion, à la culture du corps, à sa jouissance. De part et d'autre, l'écriture-lecture s'épand à l'infini, engage tout l'homme, son corps et son histoire, c'est un acte panique, dont la seule définition sûre est qu'*il ne s'arrête nulle part.*

Inscription.

Peut-être deux écritures: celle du poinçon (ciseau, calame ou plume) et celle du pinceau (bille ou feutre): la main qui force et la main qui caresse. La première serait l'écriture de l'encoche, de l'entaille, de la marque, du contrat, de la mémoire; le modèle originel en est le cunéiforme et le hiéroglyphique, mais l'exemple le plus pur en serait peut-être l'écriture oghamique (celle de certaines inscriptions celtiques d'Irlande et du pays de Galles, au VIe siècle après J.-C.; l'inventeur mythique en serait Ogham): c'est un jeu très simple d'entailles réparties de part et d'autre d'une

quere ich viele Welten, ohne in einer einzigen innezuhalten: die Weiße des Papiers, die Form der Zeichen, die Gestalt der Wörter, die Regeln der Sprache, die Zwänge der Botschaft, die verschwenderische Fülle der assoziierten Sinnebenen. Dieselbe unendliche Reise in der Gegenrichtung, auf den Spuren dessen, der schreibt: vom geschriebenen Wort kann ich zurückgreifen auf die Hand, den Muskel, das Blut, den Trieb, die Kultur des Körpers, seinen Genuss. Zu beiden Seiten erstreckt sich die Schrift-Lektüre bis ins Unendliche, bezieht den ganzen Menschen ein, seinen Körper und seine Geschichte; es ist ein panischer Akt, dessen einzige gesicherte Definition die ist, dass er *nirgendwo innehält.*

Einschreibung.

Vielleicht gibt es zwei Schriften: die des Stichels (Meißel, Schilfrohr oder Feder) und die des Pinsels (Kugelschreiber oder Filzstift): die Hand, die bezwingt, und die Hand, die liebkost. Die erste wäre also die Schrift der Einkerbung, des Einschnitts, der Marke, des Vertrages, der Erinnerung; das originäre Modell ist die Keilschrift und die Hieroglyphe, aber das reinste Beispiel ist vielleicht die oghamische Schrift (die bestimmter keltischer Inschriften in Irland und Wales im 6. Jahrhundert n. Chr.; der mythische Erfinder war Ogham): ein sehr einfaches Spiel von Einkerbungen bei-

arête de bois ou de pierre. A ce geste d'inscription (il faut prendre ici le mot dans son sens pleinement étymologique: tracer à l'*intérieur* même de la matière minérale ou végétale), il faut rattacher le devenir monumental des écritures antiques: le sens de l'inscription, c'est, d'une part, que le tracé ne peut être repris, la lettre est irréversible (on appelait *ordinations* les tracés préparatoires qui permettaient une incision sans retouches), et d'autre part, que l'écriture vaut éternellement, solitairement, en soi, en dehors de toute lecture (certaines inscriptions sont placées à une telle hauteur qu'il est impossible que personne les lise jamais). En face de quoi, l'écriture au pinceau (qui est essentiellement l'écriture idéographique: n'oublions pas que, même aujourd'hui, le feutre nous vient du Japon) est une écriture de la *de-scription*, de la main couchée, du dessin descendu, posé. Deux gestes (deux civilisations): percer le secret, rationaliser, ou déployer le signifiant, le faire revenir: l'éternité ou le retour, le singulier définitif ou le pluriel récurrent.

De l'écriture, plusieurs histoires sont possibles; celle qu'on nous donne ordinairement, c'est l'histoire des formes et des styles; une autre histoire, peut-être plus instructive, suivrait, non l'évolution des tracés, mais la mutation des instruments: in-scription ou de-scription? Notre Occident a produit essentiellement des instruments gratteurs: poinçons, roseaux fendus

derseits einer Mittelgräte aus Holz oder Stein. Mit dieser Einschreibungsgeste (das Wort muss hier in seinem vollen etymologischen Sinn genommen werden: *ins Innere* der mineralischen oder vegetabilischen Materie eindringen) muss man das monumentale Werden der antiken Schriften in Verbindung bringen: der Sinn der Inschrift ist einerseits, dass der Zug nicht wiederholt werden kann, der Buchstabe ist irreversibel (man nannte die vorbereitenden Züge, die eine Inschrift ohne Retuschen erlauben, *ordinationes*), und andererseits: dass die Schrift ewig gilt, einzig, an sich, unabhängig von jeder Lektüre (manche Inschriften sind in solcher Höhe platziert, dass niemand sie jemals lesen kann). Dagegen ist die Pinselschrift (die ihrem Wesen nach die eigentliche ideographische Schrift ist: vergessen wir selbst heute nicht, dass der Pinsel aus Japan kommt) eine Schrift der *Be-Schreibung*, der gesenkten Hand, der verhaltenen, ruhigen Zeichnung. Zwei Gesten (zwei Zivilisationen): das Geheimnis lüften, durchdringen oder den Signifikanten entfalten, ihn wiederkehren lassen: Ewigkeit oder Wiederkehr, der definitive Singular oder der wiederholte Plural.

Mehrere Geschichten der Schrift sind möglich; diejenige, die man uns gewöhnlich vorträgt, ist die Geschichte der Formen und Stile; eine andere, wahrscheinlich aufschlussreichere Geschichte folgt nicht der Evolution der Schriftzüge, sondern der Mutation der Instrumente:

(jusqu'au XIIe siècle), stiles (tiges de fer ou d'ivoire), plumes d'oiseau (oie et cygne), taillées à bec droit (produisant l'écriture caroline du VIIIe siècle), ou à bec biseauté (produisant l'écriture gothique du XIIe siècle), plumes de métal (XIXe siècle). Cependant, ici et là, des instruments caresseurs: tige de jonc séché à l'extrémité mâchonnée (Egyptiens), stylos-billes ou à pointes de feutre. Le cérémonial d'écriture prolongeait cette opposition: pour le scribe ou le copiste occidental, se préparer à écrire, c'est tailler sa plume (geste agressif, prédateur, dépiéçant); pour le calligraphe occidental [recte: oriental], c'est frotter doucement sa pierre d'encre, imprégner son pinceau: point de couteau; d'où la paix quasi religieuse de ces boîtes d'écriture dont le couvercle, armorié d'efflorescences laquées, ne fait que prolonger le dessin virtuel recelé dans les instruments qu'elles contiennent.

Lecture.

Pour réveiller les œuvres passées, rien de plus étonnant que de les replacer dans la pratique de lecture qui fut celle de leur temps. La tragédie de Sophocle qui nous arrive à travers un

Ein-Schreibung oder Be-Schreibung? Unser Abendland hat im Wesentlichen Kratzinstrumente hervorgebracht: Stichel, gespaltenes Schilfrohr (bis zum 12. Jahrhundert), Stilus (Eisen- oder Elfenbeinstift), Vogelfedern (Ente oder Schwan), stumpf geschnitten (mit dem Ergebnis der karolingischen Schrift des 8. Jahrhunderts) oder schräg (mit dem Ergebnis der gotischen Schrift des 12. Jahrhunderts), Metallfedern (19. Jahrhundert). Gleichwohl treten hier und da sanft streichende Instrumente auf: Stäbe von getrocknetem Schilf mit weich gekautem Ende (Ägypter), Kugel- oder Filzschreiber. Das Schrift-Zeremoniell verlängerte diese Opposition: für den westlichen Schreiber oder Kopisten bestanden die Schreibvorbereitungen aus: Federn spitzen (eine aggressive, räuberische, zerstückelnde Geste); für den östlichen Kalligraphen hieß das: sanft den Tintenstein reiben, den Pinsel eintauchen: kein Messer; daher der quasi-religiöse Friede dieser Schrift-Büchsen, deren Deckel, mit lackierten Ausblühungen geschmückt, nur die virtuelle Zeichnung verlängert, die in den Instrumenten, die sie enthalten, verborgen ist.

Lektüre.

Um die vergangenen Werke zu neuem Leben zu erwecken, ist nichts überraschender, als sie in die Praxis der Lektüre zurückzuversetzen, die zu ihrer Zeit üblich war. Die Tragödie des

livre de poche et que nous lisons rapidement des yeux (en sautant les passages qui nous ennuient) n'est en somme qu'un texte parfaitement abstrait, qui n'a aucun rapport, dans l'acte de consommation, avec notre corps. Jusqu'au IVe siècle (époque de saint Augustin), il en était tout autrement: les Anciens, pense-t-on, ne lisaient pas autrement qu'à haute voix – ou du moins à voix plus ou moins haute, voix «muette» peut-être, mais toujours – et c'est là l'essentiel – *articulée*: le texte passait alors fatalement par le gosier, le muscle laryngé, les dents, la langue, le corps en somme dans sa densité musculaire, sanguine, nerveuse. Reculons encore le problème: ces Anciens, comment écrivaient-ils? Voyez-vous Euripide *écrire* ses tragédies? Sans doute (Aristophane lui prête dans cette activité des postures invraisemblables), mais l'écriture était certainement bien moins solipsiste qu'aujourd'hui; Pline l'Ancien avait un lecteur (grec) et un scripteur (latin); flanqué de ces deux substituts (on pourrait

Sophokles, die uns durch ein Taschenbuch vermittelt wird und die wir rasch mit den Augen verschlingen (indem wir die Abschnitte überspringen, die uns langweilen) ist insgesamt nur ein vollkommen abstrakter Text, der im Akt der Konsumtion keinerlei Beziehung zu unserem Körper hat. Bis ins 4. Jahrhundert (der Epoche des heiligen Augustinus) war das ganz anders: die Alten, glaubt man, lasen nicht anders als mit lauter Stimme – oder wenigstens mit mehr oder weniger lauter Stimme, vielleicht „stummer", aber immer (und das ist das Wesentliche) *artikulierter* Stimme: der Text passierte also unvermeidlich den Schlund, den Kehlkopf-Muskel, die Zähne, die Zunge, den ganzen Körper in seiner muskulären, sanguinären, nervlichen Dichte. Vertiefen wir das Problem noch weiter: diese Alten, wie schrieben sie? Sehen Sie Euripides seine Tragödien *schreiben*? Zweifellos (Aristophanes verleiht ihm bei dieser Aktivität ganz unwahrscheinliche Körperhaltungen*), aber das Schreiben war sicherlich sehr viel weniger solipsistisch als heute: Plinius der Ältere hatte einen (griechischen) Lektor und einen (lateinischen) Skriptor; flankiert von diesen beiden Substituten

* Eine szenische Notiz in Aristophanes' Komödie *Die Acharner* gibt folgende Regieanweisung: „Das Innere des Hauses kehrt sich heraus; im Zimmer herum liegt allerlei zerlumpte Theatergarderobe; Euripides in bettelhaftem Kostüm sitzt in einer Hängematte" (zweite Szene). [A.d.Ü.]

presque parler de prothèses), il lisait et écrivait pendant les repas: rien de moins intériorisé, rien de moins sacralisé. De même pour Cicéron: il écrivait très rapidement (sur des tablettes qu'il tenait à la main), mais le scribe recopiait le livre: le texte était voué, dès son départ; à une extériorité sans complexe, on voudrait pouvoir dire: impudique. Car notre écriture actuelle, produite solitairement, a quelque chose d'intérieur, de secret, de pervers ou de ménager selon les cas. Rien de plus indiscret, à mon goût, que de voir quelqu'un écrire: à plus forte raison si je le vois lire en remuant doucement les lèvres. Sade a manqué cette scène (trop douce à son gré): capter sur la bouche de qui lit à mi-voix le texte en train de s'articuler, d'exploser. Rien de cette érotique passée n'est plus possible: l'écriture et la lecture sont des pratiques clandestines.

Ligatures.

Lier les lettres d'un mot peut être le fruit d'un souci économique: on sait que, par une loi physiologique, interrompre le cours de la plume, lever la main puis la reposer, cela prend du temps: le point est coûteux; la ligature est donc une opération de vitesse, et non d'esthétique; elle a eu cependant des conséquences qui ex-

(man könnte beinahe von Prothesen sprechen) schrieb und las er während der Mahlzeiten: nichts, das weniger verinnerlicht, weniger sakralisiert wäre. Dasselbe bei Cicero: er schrieb sehr schnell (auf Täfelchen, die er in der Hand hielt), aber der Schreiber schrieb das Buch erneut ab: der Text war, von Anfang an, einer Exteriorität ohne Hemmung, man möchte sagen können: ohne Scham geweiht. Denn unsere gegenwärtige, einsam hervorgebrachte Schrift hat etwas von Innenwelt, von Geheimnis, von Perversion oder gegebenenfalls von Haushalt. Nichts Indiskreteres für meinen Geschmack als jemanden schreiben sehen: umso mehr noch, wenn ich ihn lesen sehe, mit stummen Lippenbewegungen. Sade hat diese Szene ausgespart (die zu sanft war für seinen Geschmack): vom Munde dessen, der mit halblauter Stimme liest, den Text ablesen, der im Begriff ist, sich zu artikulieren, zu explodieren. Nichts ist von dieser vergangenen Erotik mehr möglich: Schreiben und Lesen sind heimliche Praktiken.

Ligaturen.

Die Buchstaben eines Wortes miteinander zu verbinden, kann das Ergebnis eines ökonomischen Bestrebens sein: man weiß, dass es, im Banne eines physiologischen Gesetzes, Zeit kostet, den Fluss der Feder zu unterbrechen, die Hand zu heben und sie wieder zu senken: der Punkt ist kostbar; die Ligatur ist also eine

cèdent, bien entendu, sa justification pratique: tout d'abord ces lettres à ligature ont reçu un nom: ce sont des *logotypes*; et dès qu'un nom existe pour une chose, cette chose cesse d'être prise dans un procès purement transitif (opératoire), elle rejoint un système, à première vue lexical, en réalité mental – et donc idéologique (par exemple, les mots les plus ligaturés, au Moyen Age, sont les assises mêmes du système scolastique, la ligature engendrant l'abréviation des termes les plus fréquents: *aia* pour *anima*, *sba* pour *substantia*, etc.); ensuite, les ligatures, étant codées, insérées dans une chaîne opératoire qui fut toujours la même pour des générations de copistes, concourent à donner au mot une forme statutaire (une gestalt): c'est à partir du dessin des ligatures que le mot est reconnu d'un seul coup d'œil (et par là même, ce mot ligaturé rejoint l'idéogramme), en d'autres termes – et ceci fera plaisir aux esprits positifs – le *style* d'une écriture, puisqu'il dépend de sa rapidité, a pour origine un besoin de rentabilité; il peut même être lié très directement à des transactions commerciales (on cite l'exemple du nabatéen).

Operation der Geschwindigkeit, nicht der Ästhetik; gleichwohl hat sie Konsequenzen gehabt, die selbstredend ihre praktische Rechtfertigung übersteigen: zunächst haben diese Buchstabenligaturen einen Namen bekommen: es sind *Logotypen*; und sobald ein Name für eine Sache existiert, hört diese Sache auf, in einen rein transitiven (operativen) Prozess einbezogen zu sein, sie wird Bestandteil eines Systems, das auf den ersten Blick lexikalisch, in Wirklichkeit aber mental ist – also ideologisch (beispielsweise sind die am häufigsten ligaturisierten Wörter im Mittelalter die eigentlichen Grundlagen des scholastischen Systems, wobei die Ligatur die Abkürzung der häufigsten Ausdrücke erzeugt: *aia* für *anima*, *sba* für *substantia* usw.): weiter tragen die Ligaturen, weil sie codiert, in eine operative Kette einbezogen sind, die für Generationen von Kopisten immer dieselbe war, dazu bei, dem Wort eine rechtmäßige Form (eine Gestalt) zu geben: aus der Gestaltung der Ligaturen wird das Wort in einem einzigen Augenblick erschlossen (und eben dadurch trifft dieses ligaturisierte Wort wieder mit dem Ideogramm zusammen); anders ausgedrückt – und das wird positivistischen Geistern gefallen –, dem *Stil* einer Schrift liegt, weil er von ihrer Geschwindigkeit abhängt, ein Rentabilitätsbedürfnis zugrunde; er kann sogar ganz direkt mit geschäftlichen Transaktionen verknüpft sein (zitiert sei hier das Beispiel des Nabatäischen).

Main.

C'est parce que nos mains sont libres que nous pouvons parler: voilà ce que nous dit aujourd'hui l'anthropologie (Leroi-Gourhan). En passant à la station verticale, en devenant bipède, l'hominien a libéré ses mains tout employées dès lors aux tâches de fabrication (la main se prolongeant naturellement par l'outil), et ces mains libérées de toute fonction locomotrice, c'est par contrecoup la face humaine qui s'est trouvée débarrassée de ses tâches précédentes (de prédation), allégée, comme dit Grégoire de Nysse, de «la charge pesante et pénible de la nourriture»: la face a pu alors se prolonger par un outil inédit, le langage; «la main qui libère la parole, c'est exactement à quoi aboutit la paléontologie» (A. Leroi-Gourhan rencontre ici la thèse du Soviétique Bounak). On le voit, le langage (sur l'origine duquel on s'interroge toujours) serait aussi vieux que l'outil: lié à son apparition (il est probable, selon cette hypothèse, que le premier langage a dû servir à accompagner et à compléter les premiers gestes techniques de l'humanité: c'était un outil comme un autre, en ceci précisément qu'il servait ... à fabriquer des outils).

Hand.

Weil wir die Hände frei haben, können wir sprechen: eben das bestätigt uns heute die Anthropologie (Leroi-Gourhan). Zur vertikalen Körperhaltung übergehend, Zweifüßer werdend, hat der Hominide seine Hände befreit, die von da an für alle möglichen Verrichtungen benutzt werden (wobei die Hand natürlicherweise durch das Werkzeug verlängert wird); und als diese Hände von jeder lokomotorischen Funktion befreit waren, hat sich im Gegenzug auch das menschliche Gesicht von seinen früheren (räuberischen) Aufgaben entbunden gesehen, befreit, wie Gregor von Nyssa sagt, von der „drückenden und mühsamen Last der Ernährung“*: das Gesicht konnte sich daraufhin durch ein noch nie da gewesenes Werkzeug verlängern, die Sprache; „die Hand, die die Sprache frei setzt, eben darauf läuft die Paläontologie hinaus“ (A. Leroi-Gourhan berührt sich hier mit der These des Sowjetrussen Bunak). Wie man sieht, ist die Sprache (über deren Ursprung fortgesetzt gerätselt wird) also ebenso alt wie das Werkzeug: mit seinem Auftreten verknüpft (wahrscheinlich muss gemäß dieser Hypothese die erste, die Ur-Sprache dazu gedient haben, die ersten technischen Gesten der Menschheit zu begleiten und zu vervollständigen: sie war ein Werkzeug wie andere

* Vgl. das bereits oben zitierte Buch von André Leroi-Gourhan, a.a.O. S. 40 (dt. S. 42). [A.d.Ü.]

Voilà donc le tableau de l'humanité pendant des millénaires: libérées l'une par l'autre, d'un côté la main (le geste) et ses fonctions de fabrication, de l'autre la face (la parole) et ses fonctions de phonation. Et l'écriture? Elle est, bien entendu, retour à la main. Même lorsque sa fonction est de «transcrire» les sons de la parole (dans les alphabets), à plus forte raison lorsqu'elle dessine le geste (dans les idéogrammes), elle repasse par la main: le langage fait retour sur ce morceau du corps dont l'indépendance même lui avait permis de naître: une grande course dialectique est bouclée. L'écriture est *toujours* du côté du geste, *jamais* du côté de la face: elle est tactile, non orale; on comprend mieux alors qu'elle puisse rejoindre, par-dessus la parole, les premières traces de l'art pariétal, les incisions rupestres, bien souvent abstraites, rythmiques avant d'être figuratives; en somme, tout en étant d'apparition récente (quelques millénaires avant nous), l'écriture garde quelque chose d'originel – tout comme notre art abstrait, si proche de l'art préhistorique.

auch, und zwar gerade dadurch, dass sie dazu diente ... Werkzeuge herzustellen).
Das also ist Jahrtausende lang das Bild der Menschheit gewesen: voneinander befreit einerseits die Hand (die Gebärde) und ihre Herstellungsfunktionen, andererseits die visuelle Wahrnehmung (die Sprache) und ihre Lautgebungsfunktionen. Und die Schrift? Sie ist selbstredend Rückgriff auf die Hand. Selbst wenn ihre Funktion darin liegt, die Laute der Sprache (in den Alphabeten) zu „transkribieren", umso mehr als sie die Gebärde nachzeichnet (in den Ideogrammen) – sie geht durch die Hand: die Sprache fällt an diesen Teil des Körpers zurück, dessen Unabhängigkeit ihr sogar die Entstehung erlaubt hatte: ein großer dialektischer Verlauf schließt sich. Die Schrift steht *immer* auf Seiten der Gebärde, *nie* auf Seiten des Gesichts: sie ist taktil, nicht oral; man versteht also auch besser, dass sie, über die Sprache, wieder mit den ersten Spuren der Wandmalerei zusammentrifft, den Felszeichnungen, die häufig abstrakt, rhythmisch sind, bevor sie gegenständlich werden; kurzum, obwohl jüngeren Datums (einige Jahrtausende vor unserer Zeitrechnung), bewahrt sich die Schrift doch etwas Originelles – ganz wie unsere abstrakte Malerei, die der prähistorischen Kunst so nahe steht.

Matière.

Le support de l'écriture, la chose sur quoi l'on écrit, les historiens l'appellent parfois «matière subjective»; ils veulent dire par là, sans doute, que dans l'écriture, une certaine substance est jetée sous la main, comme le sol l'est sous les pas de celui qui marche; et ce contact de la peau et de la matière ne peut être indifférent au sujet; il y éprouve fatalement son corps. S'il y a «subjectivement» autant d'écritures que de corps, il y a aussi, historiquement, autant d'écritures que de supports: le support détermine le type d'écriture parce qu'il oppose des résistances différentes à l'instrument traceur, mais aussi, plus subtilement, parce que la texture de la matière (son glacé ou son rugueux, sa dureté ou sa mollesse, sa couleur même) oblige la main à des gestes d'agression ou de caresse. Or si les instruments sont en nombre assez limité, les matières subjectives, tout au long de l'histoire, ont été d'une très grande variété: ce fut la pierre, le caillou, l'ardoise, la brique, le tesson, l'or, l'ivoire, le verre, le bronze, le fer, les plaques de cuivre ou d'argent, l'écaille, le bois, le papyrus, la peau, le parchemin, l'étoffe, le papier. L'humanité a vraiment écrit sur n'importe quoi, mais il semble qu'elle ait le plus souvent tiré un *sens* de ce n'importe quoi: le sens qu'implique tout rapport entre la matière et le corps (le cunéiforme, martèlement de coins, d'incises aux arê-

Material.

Den Träger der Schrift, das, worauf man schreibt, nennen die Historiker manchmal „subjektives Material“; damit wollen sie zweifellos sagen, dass in der Schrift eine bestimmte Substanz zur Hand ist, wie der Boden zu Füßen des Gehenden liegt; und der Kontakt von Haut und Materie kann dem Subjekt nicht gleichgültig sein; es erlebt darin unweigerlich seinen Körper. Wenn es „subjektiv“ ebenso viele Schriften wie Körper gibt, gibt es historisch auch ebenso viele Schriften wie Beschreibstoffe: der Beschreibstoff determiniert den Schrifttypus, weil er dem Schreibinstrument unterschiedliche Widerstände bietet, aber auch, und noch subtiler, weil die Textur des Materials (seine Glätte oder Rauheit, seine Härte oder Weichheit, sogar seine Farbe) die Hand zu aggressiven oder sanften Gesten zwingt. Wenn aber die Instrumente auch zahlenmäßig ziemlich begrenzt sind, haben die subjektiven Materialien im Laufe der Geschichte doch eine sehr große Variationsbreite gehabt, als da sind: Stein, Bronze, Kiesel, Schiefer, Ziegel, Tonscherbe, Gold, Elfenbein, Glas, Eisen, Kupfer- oder Silberplatten, Schildpatt, Holz, Papyrus, Fell, Pergament, Stoff, Papier. Die Menschheit hat in der Tat auf alles Mögliche geschrieben, aber es hat den Anschein, dass sie sehr häufig einen *Sinn* aus diesem Allerlei gezogen hat: den Sinn, wie ihn jede Beziehung zwischen der

tes aiguës, est tributaire de l'argile séchée au soleil) et, bien entendu aussi, le sens qui résulte du prix du matériau (sur les manuscrits luxueux de Birmanie, les textes bouddhiques sacrés sont tracés à même les larges plaques de cuivre ou d'argent).

Inventé par les habitants de Pergame, en Asie Mineure, le *pergamenum* (parchemin) provenait de la peau du mouton ou de la chèvre, puis, plus tard et d'une façon plus précieuse; du jeune veau (*vélin*); le plus ancien parchemin date de la fin du Ier siècle (après J.-C.); il est d'usage courant au IVe siècle et d'usage général vers le XIIe siècle; mais c'est (ou devient) une matière coûteuse; on est obligé de réemployer certains parchemins: on efface l'ancien texte, la matière subjective redevient vierge et l'on écrit un nouveau texte: c'est le palimpseste, emblème de toute l'écriture (au sens désormais littéraire du terme), puisque le texte, tel que les Modernes le conçoivent, est constitué par un entassement de traces (de formes, de souvenirs, de citations, de censures).

Quant au papier (puisque c'est notre matière à nous), il nous est venu de la Chine par les Arabes; pendant le haut Moyen Age, il y a du papier à Samarkand; le premier manuscrit européen de papier date du XIe siècle: c'est le missel de Silos près de Burgos. Au XIVe siècle, il y a des moulins à papier dans la région rhénane, et, un peu avant que l'imprimerie commence, il a gagné la partie; on commence à copier des

Materie und dem Körper einschließt (die Keilschrift, eine Art Prägung von Münzen, von Einschnitten mit scharfen Kanten, ist auf den an der Sonne getrockneten Lehm angewiesen), und wohlgemerkt auch den Sinn, der aus dem Preis des Materials resultiert (in den prachtvollen Manuskripten von Birma sind die heiligen buddhistischen Texte bis ganz an die Ränder der Kupfer- oder Silberplatten geschrieben).

Von den Einwohnern von Pergamon in Kleinasien erfunden, stammte das *pergamenum* (Pergament) vom Fell des Schafes oder der Ziege, später dann – und damit wertvoller – vom jungen Kalb (*vellum*, Velin): das älteste Pergament datiert vom Ende des 1. Jahrhunderts (n. Chr.); es ist in häufigem Gebrauch im 4. und ganz allgemein verbreitet bis zum 12. Jahrhundert; aber es ist (oder wird) ein kostbares Material; man ist gezwungen, manche Pergamente wiederzuverwenden: man löscht den alten Text, das subjektive Material wird wieder jungfräulich, und man schreibt einen neuen Text darauf: das ist das Palimpsest, Emblem jeder Schrift (im fortan literarischen Sinne des Ausdrucks), weil der Text, wie ihn die Modernen sich vorstellen, durch eine Anhäufung von Spuren (von Formen, von Erinnerungen, von Zitaten, von Streichungen) konstituiert wird.

Was das Papier betrifft (weil das ja unser ureigenes Material ist), so ist es auf dem Wege

manuscrits sur papier; et pourtant, il y a des résistances: Gerson (en 1402) interdit à ses étudiants l'usage du papier et recommande le parchemin, seule matière subjective qui soit en accord avec la pérennité des textes; c'est sans doute le début de toute une mythologie qui, à travers proverbes et lieux communs, va identifier le mensonge de l'écrit, sa futilité, à la précarité, à la fragilité du papier. Le papier écrit a désormais vocation de déchet, de rebut, d'ordure (bien qu'il ait coûté fort cher à son origine).

Mur.

Le mur, on le sait, appelle l'écriture: pas un mur, dans la ville, sans graffiti. C'est en quelque sorte le support lui-même qui détient une énergie d'écriture, c'est lui qui écrit et cette écriture me regarde: rien n'est plus voyeur qu'un mur écrit parce que rien n'est regardé,

über die Araber aus China zu uns gekommen; während des Hochmittelalters gibt es Papier in Samarkand; das erste europäische Papiermanuskript stammt aus dem 11. Jahrhundert: es ist das Missale von Silos in der Nähe von Burgos. Im 14. Jahrhundert gibt es Papiermühlen in der Rheingegend, und kurz bevor der Buchdruck einsetzt, hat es endgültig gewonnenes Spiel, man beginnt Manuskripte auf Papier zu kopieren; und doch gibt es auch Widerstände: Gerson untersagt (im Jahre 1402) seinen Studenten den Gebrauch von Papier und empfiehlt Pergament, das einzige subjektive Material, das in Einklang mit der Unvergänglichkeit der Texte steht; das ist zweifellos der Beginn einer ganzen Mythologie, die, auf dem Wege über Sprichwörter und Gemeinplätze, den Trug des Geschriebenen, seine Flüchtigkeit, mit der mangelnden Beständigkeit, mit der Empfindlichkeit des Papiers identifizieren wird. Das beschriebene Papier steht fortan im Rufe von Abfall, von Ausschuss, von Unrat (obwohl es ursprünglich sehr teuer war).

Wand.

Die Wand ruft bekanntlich nach der Schrift: keine Mauerwand in der Stadt ohne Graffiti. Es ist gewissermaßen der Träger selbst, der eine Schriftenergie besitzt; sie ist es, die schreibt, und diese Schrift schaut mich an: nichts ist mehr Zuschauer als eine beschriebene Mauer-

lu, avec plus d'intensité; la parole du mystique est accomplie, la distinction grammaticale de l'actif et du passif est abolie: «L'œil par où je vois Dieu est le même œil par où il me voit» (Angelus Silesius). *Personne* n'a écrit sur le mur – et *tout le monde* le lit. C'est pourquoi, emblématiquement, le mur est l'espace topique de l'écriture moderne.

Protocoles.

L'acte d'écriture s'*entoure*: il se prépare, dresse son décor (peut-être son état d'esprit), et cette préparation s'imprègne facilement d'un symbolique qui peut aller jusqu'à la névrose – ou jusqu'à la mystique. Les calligraphes chinois pratiquent une ascèse quasi religieuse: tel moine bouddhique, pour écrire, s'isola pendant trente ans au sommet d'un pavillon de montagne. Dans les abbayes chrétiennes d'Ethiopie, rares étaient ceux qui écrivaient: encore ne le faisaient-ils qu'après un jour de repos, occupés à des exercices préparatoires. Si l'on interro-

wand, weil nichts mit größerer Intensität betrachtet, gelesen wird; die Rede des Mystikers ist vollendet, die grammatische Unterscheidung von Aktiv und Passiv aufgehoben: „Ich trage Gottes Bild; wenn er sich will besehn, / So kann es nur in mir, und wer mir gleich, geschehn“ (Angelus Silesius*). *Niemand* hat auf die Mauerwand geschrieben – und *alle Welt* liest es. Eben deshalb ist die Mauer, im emblematischen Sinne, der topische Raum der modernen Schrift.

Protokolle.

Der Akt des Schreibens *umgibt sich*: er bereitet sich vor, legt seinen Schmuck an (wahrscheinlich sein Geisteszustand), und diese Vorbereitung wird leicht mit einer Symbolik getränkt, die bis zur Neurose gehen kann – oder bis zur Mystik. Die chinesischen Kalligraphen praktizieren eine quasi-religiöse Askese: ein buddhistischer Mönch zog sich zum Schreiben dreißig Tage lang in eine Berghütte auf dem Gipfel zurück. In den christlichen Abteien Äthiopiens waren die Schreiber selten: überdies machten sie sich nur nach einem Tag völliger Ruhe ans Werk, der ausschließlich für vorbereitende Übungen bestimmt war. Wenn man eine gute Anzahl von

* *Cherubinischer Wandersmann*, I, 105: „Das Bildnis Gottes“ (in A. S., *Gesammelte Werke*, hrsg. von Hans Ludwig Held, München 1922; Bd. II). [A.d.Ü.]

geait bon nombre d'écrivains d'aujourd'hui (mais cette enquête importante n'a jamais été tentée), on s'apercevrait sans doute qu'ils ne peuvent se mettre à écrire sans un certain appareil d'habitudes et d'instruments: la prédilection de certains horaires, de certains lieux, le goût de la papeterie, tout cela développé parfois jusqu'a l'obsession, comporte un ensemble inextricable de motivations: peur de la page blanche, effroi de la stérilité possible (retardé par d'interminables protocoles préparatoires), sacralisation de l'écriture comme vérité (ou comme divinité prestigieuse), fascination de la jouissance qui est attribuée à l'exercice manuel du graphisme.

Rythme.

Il faut redire – tant c'est inattendu – ce qui a déjà été indiqué: à savoir qu'à l'origine conjointe de l'écriture et de l'art, il y a eu le rythme, le tracé régulier, la ponctuation pure d'incisions insignifiantes et répétées: les signes (vides) étaient des rythmes, non des formes. L'abstrait est à la source du graphisme, l'écriture est à la source de l'art.

heutigen Schriftstellern befragte (aber diese wichtige Untersuchung ist nie angestellt worden), würde man zweifellos gewahr, dass sie sich nicht ans Schreiben machen können ohne ein ganzes Knäuel von Gewohnheiten und Instrumenten: die Vorliebe für bestimmte Stundenpläne, bestimmte Orte, das Lieblingspapier, das alles, manchmal bis zur Obsession entwickelt, enthält einen unentwirrbaren Komplex von Motivationen: Angst vor der weißen Seite, Entsetzen vor der möglichen Sterilität (verzögert durch endlose vorbereitende Entwürfe), Sakralisierung der Schrift als Wahrheit (oder als anspruchsvolle Gottheit), Faszination des Genusses, der der manuellen Ausübung des Graphismus zugeschrieben wird.

Rhythmus.

Man muss – so unerwartet es klingt – wiederholen, was bereits angedeutet wurde: dass nämlich am gemeinsamen Ursprung von Schrift und Kunst der Rhythmus gestanden hat, der regelmäßige Schriftzug, die reine Punktierung bedeutungsloser und wiederholter Einschnitte: die (leeren) Zeichen waren Rhythmen, keine Formen. Das Abstrakte steht an der Quelle des Graphismus, die Schrift an der Quelle der Kunst.

Sémiographie.

Apparu, dans l'histoire de l'humanité, *avant* l'art, le graphisme, par un long mouvement inverse, le reconquiert. Les éléments sémiographiques de la peinture universelle sont innombrables, multiformes: même dans le grand art figuratif, un nombre important de tracés sont statutairement graphiques, par leur origine manuelle, leur mouvement, leur gestalt, leur force d'inscription, leur rythme, leur abstraction; et à la frontière du figuratif (pour peu que cette expression douteuse ait un sens), des peintres incorporent la lettre au tableau soit sous forme de mots écrits, soit sous forme de pastiches graphiques (idéographiques dans le cas de Masson); mais c'est évidemment dans l'art oriental que le mariage de la peinture (au sens courant du mot) et de l'écriture est le plus étroit et comme le plus naturel: c'est le même trait, la même main, qui va de la calligraphie à la figuration; les calligraphes étant souvent poètes (ou inversement: l'ordre des statuts était indécidable), une même composition réunit sur la même page, sur la même étoffe, le poème écrit et l'objet figuré (moineau, branche, montagne), comme si le réel était en somme toujours écrit: l'idéogramme et l'objet flottent dans le même espace. Cette communauté (qui nous est bien étrangère à nous qui avons toujours écarté au maximum la littérature de la peinture) est encore plus visible dans

Semiographie.

In der Geschichte der Menschheit *vor* der Kunst aufgetaucht, erobert der Graphismus sie durch eine lange gegenläufige Bewegung zurück. Die semiographischen Elemente der universalen Malerei sind mannigfach, vielgestaltig: selbst in der großen gegenständlichen Kunst ist eine beträchtliche Zahl von Zügen regelgerecht graphisch, durch ihren manuellen Ursprung, ihre Bewegung, ihre „Gestalt", ihren Einprägungsdruck, ihren Rhythmus, ihre Abstraktion; und an der Grenze des Gegenständlichen (sofern dieser zweifelhafte Ausdruck einen Sinn hat) inkorporieren manche Maler den Buchstaben ins Bild, sei es in Gestalt geschriebener Wörter, sei es in Gestalt graphischer Nachahmungen (ideographischer im Falle von Masson); in der westlichen Kunst aber ist die Ehe von Malerei (im geläufigen Sinne des Wortes) und Schrift offenkundig die engste und gleichsam natürlichste: es ist derselbe Schriftzug, dieselbe Hand, die von der Kalligraphie zur Figuration führt; die Kalligraphen waren häufig Poeten (oder umgekehrt: der Bereich der Zugehörigkeiten war unentscheidbar), ein und dieselbe Komposition einte auf ein und derselben Seite, demselben Stoff das geschriebene Gedicht und das figurierte Objekt (Sperling, Ast, Berg), so als ob das Reale insgesamt immer geschrieben wäre: das Ideogramm und der Gegenstand schweben im selben Raum. Diese Gemeinschaft (die uns,

certains *haikai*: parfois un mot y est remplacé, à même la ligne graphique, par l'image de son référent: ce n'est pas le signe graphique du poisson ou du mont Fouji qui vient à la phrase, c'est le poisson, c'est la montagne elle-même, qui saute brusquement et sans prévenir de l'ordre pictural dans la chaîne écrite.

Support.

Soulignons, sans être en mesure de l'approfondir, le fait capital de toute l'histoire des supports d'écriture: le passage (probablement accompli au IIIe siècle après J.-C.) du rouleau (de papyrus) au cahier (de parchemin). Les conséquences en sont multiples, indécidables, se propageant comme des ondes jusqu'au plus profond des mentalités; avec le *rotulus*, l'écrit se déroule, la main descend le fleuve tracé, elle ne peut choisir sa lecture sans partir de l'origine du rouleau, l'écriture peut difficilement s'ajouter à l'écriture; avec le *codex* au contraire (cahier ou livre), l'écrit se feuillette, la main choisit la page, devenue subrepticement une unité de pensée, la base d'un empilement de commentaires.

die wir immer den größten Abstand zwischen Literatur und Malerei gelegt haben, sehr fremd ist) ist noch sehr viel sichtbarer in bestimmten *haikus*: manchmal wird darin ein Wort, sogar die graphische Linie, durch das Bild seines Referenten ersetzt: es ist nicht das graphische Zeichen des Fisches oder des Berges Fuji, das in der Sprache aufscheint, sondern der Fisch, der Berg selbst, der jäh und ohne Vorwarnung aus dem pikturalen Bereich in die geschriebene Kette springt.

Träger.

Heben wir, ohne imstande zu sein, das zu vertiefen, das ausschlaggebende Faktum jeder Geschichte der Schriftträger hervor: den (wahrscheinlich im 3. Jahrhundert n. Chr. vollzogenen) Übergang von der (Papyrus-)Rolle zum (Pergament-)Heft. Seine Konsequenzen sind mannigfach, unabsehbar, sie verbreiten sich wellenförmig bis zur tiefsten Mentalitätsschicht: beim *rotulus* entrollt sich das Geschriebene, die Hand gleitet den Fluss der Schriftspur hinab, sie kann ihre Lektüre nicht wählen, ohne vom Anfang der Rolle auszugehen, die Schrift lässt sich nur schwer der Schrift hinzufügen; beim *codex* aber (Heft oder Buch) blättert sich das Geschriebene auf, die Hand wählt die Seite, die unmerklich zur gedanklichen Einheit geworden ist, zur Grundlage eines Stapels von Kommentaren.

Vection.

Quelles directions peuvent prendre les écritures? Toutes les directions. Dans le tableau général des écritures du monde et de l'Histoire, toutes les vections existent: de haut en bas (chinois), de bas en haut (libyque), de droite à gauche (étrusque), de gauche à droite (notre écriture), en va-et-vient (boustrophédon; hittite): Toutes les formes de mobilité et de complication sont attestées: le grec fut successivement écrit de droite à gauche, boustrophédon, et de gauche à droite; l'écriture de l'île de Pâques est, semble-t-il, inversée (à chaque ligne, il faut renverser le support, lui mettre la tête en bas). Tous les montages sont possibles: le grec connaissait le montage *plinthédon* (sur le côté de la brique), *speirédon* (en spirale), *kionédon* (en colonne), *stoichédon* (en carreaux).
Le choix de la vection est évidemment lié à la nature du support en ce que cette nature détermine la position du scripteur. Lorsque le scribe sumérien traçait des dessins sur de petites tablettes tenues à la main obliquement, il pictographiait en colonne, de haut en bas; mais lorsqu'il posa devant lui une tablette plus grande, inclinée à angle droit, l'écriture devint horizontale (de gauche à droite). On peut aller jusqu'à imaginer deux vections dissociées: celle de l'écriture et celle de la lecture. En estranghélo (ancienne écriture syriaque), le scribe va de haut en bas, mais pour le lire il faut tourner

Richtung.

Welche Richtungen können die Schriften einschlagen? Alle. Im Gesamtbild der Schriften der Welt existieren alle Richtungen: von oben nach unten (chinesisch), von unten nach oben (libysch), von rechts nach links (etruskisch), von links nach rechts (unsere Schrift), hin und zurück (Boustrophedon, hethitisch). Alle Formen von Mobilität und Komplikation sind bezeugt: das Griechische wurde sukzessiv von rechts nach links geschrieben, Boustrophedon [Kehre], und wieder von links nach rechts; die Schrift der Oster-Inseln verläuft anscheinend umgekehrt (bei jeder Zeile muss man den Träger umdrehen, und zwar von oben nach unten). Alle Montagerichtungen sind möglich: das Griechische kannte den Umbruch πλινθηδόν (nach Art oder in Gestalt von Ziegeln), σπειρηδόν (in Windungen bzw. Schlangenlinien), κιονηδόν (säulen- bzw. kolumnenförmig), στοιχηδόν (neben- oder hintereinander).
Die Wahl des Schriftverlaufs hängt offensichtlich mit der Substanz des Trägers zusammen, und zwar so, dass diese Substanz die Position des Schreibers festlegt. Wenn der sumerische Schreiber seine Zeichnungen auf kleine, schräg in der Hand gehaltene Täfelchen auftrug, piktographierte er in Kolumnen, von oben nach unten; wenn er aber eine größere, im rechten Winkel geneigte Tafel vor sich aufstellte, verlief die Schrift horizontal (von links nach rechts).

le manuscrit de 90 degrés vers la droite et lire horizontalement: exemple précieux d'une double corporité: le corps du lecteur n'est pas le corps du scripteur: l'un *retourne* l'autre; peut-être est-ce la règle secrète de toute écriture: la «communication» passe par un *envers*.

Voyelle.

Qui saura explorer l'incroyable promotion dont les Grecs ont gratifié la voyelle? Toutes les écritures du Moyen-Orient sont consonantiques: elles impliquent une architecture de la langue fondée quasi anatomiquement sur l'ossature des sons, un sémantisme radical qui permet de «deviner» le mot à travers la simple projection de son essence familiale. Avec les Grecs, semble-t-il, on passe à un autre corps; ce n'est plus le corps osseux, fondamental, et, si l'on peut dire, le corps «bruité» (les consonnes ne sont que des «bruits»), c'est le corps charnu, muqueux, liquide, le corps musical. Lorsque les Grecs empruntent l'alphabet aux Phéniciens (locuteurs d'une langue sémitique) ils convertissent les gutturales – qui leur étaient inutiles

Man kann sogar so weit gehen, sich zwei getrennte Richtungen vorzustellen: die der Schrift und die der Lektüre: im Estrangelo (der altsyrischen Schrift) arbeitet der Schreiber von oben nach unten; zum Lesen aber muss man das Manuskript um 90° nach rechts drehen und horizontal lesen: ein wertvolles Beispiel einer doppelten Körperlichkeit: der Körper des Lesers ist nicht der Körper des Schreibers: der eine *dreht* den anderen *um*; vielleicht ist das die heimliche Regel jeder Schrift: die „Kommunikation“ vollzieht sich durch ein *Umkehrbild*.

Vokal.

Wer vermag die unglaubliche Förderung zu ermessen, die die Griechen dem Vokal angedeihen ließen? Alle Schriften des Mittleren Ostens sind konsonantisch: sie implizieren eine Architektur der Sprache, die gleichsam anatomisch auf den Knochenbau der Laute gegründet ist, einen radikalen Semantismus, der das Wort durch die einfache Projektion seines vertrauten Wesens zu „erraten“ erlaubt; das ist nicht mehr der fundamentale, knöcherne und, wenn man so sagen darf, „geräuschhafte“ Körper (die Konsonanten sind nur „Geräusche“), es ist der fleischliche, muköse, flüssige Körper, der musikalische Körper. Als die Griechen das Alphabet bei den Phöniziern (die eine semitische Sprache sprechen) entlehnen, konver-

– en voyelles, qu'ils notent pour la première fois dans l'histoire de l'humanité d'une façon rigoureuse et entière. Adaptation «raisonnable»? Elle comportait du moins une pensée de l'*excès*: à Athènes, au IIIe siècle, un système tachygraphique est imaginé; les signes des consonnes y étaient supprimés et remplacés par de petits appendices accolés à la voyelle; la voyelle est considérée comme l'élément essentiel de la syllabe; on conçoit, on désire – oserais-je dire: on *fantasme* – une sorte d'écriture vocalique. Le «miracle» grec (ceci dénotant seulement la spécialité historique et culturelle d'où nous sommes sortis), c'est, face aux mondes idéographique ou consonantique, le triomphe de la Voyelle, donc de la Voix, donc de la Parole. La marque de notre civilisation, c'est d'être *vocalique*.

tieren sie die Gutturallaute – die für sie nutzlos sind – in Vokale, die sie zum ersten Mal in der Geschichte der Menschheit auf umfassende und strenge Weise benutzen. Eine „vernünftige“ Adaption? Sie enthielt wenigstens einen Gedanken des *Überschwangs*: im Athen des 3. Jahrhunderts wird ein tachygraphisches System erdacht; die Zeichen der Konsonanten wurden darin unterdrückt und durch kleine, an den Vokal angeheftete Appendizes ersetzt; der Vokal wird als das wesentliche Element der Silbe betrachtet; man entwirft, man ersehnt sich – ich wage zu sagen: man *phantasiert* – eine Art Vokalschrift. Das griechische „Wunder“ (das nur die historische und kulturelle Besonderheit bezeichnet, von der wir ausgegangen sind) ist, angesichts der ideographischen oder konsonantischen Welten, der Triumph des VOKALS, also der STIMME, also der REDE. Es ist das Zeichen unserer Zivilisation, *vokalisch* zu sein.

Bibliographie

FRANZÖSISCHER SPRACHRAUM

Le Cabinet des poinçons de l'Imprimerie nationale de France. Paris 1963.

Cohen, Marcel: *L'Écriture et la psychologie des peuples.* Paris 1963.

Cohen, Marcel: *La Grande Invention de l'écriture et son évolution.* Paris 1958; 3 Bde.

Février, James G.: *Histoire de l'écriture.* Paris 1959.

Gray, William S.: *L'Enseignement de la lecture et de l'écriture.* Paris 1956.

Higounet, Charles: *L'Ecriture.* Paris 1955.

Leroi-Gourhan, André: *Le Geste et la parole.* Paris 1964/65, 2 Bde.; dt. *Hand und Wort. Die Evolution von Technik, Sprache und Kunst.* Frankfurt/M. 1980, [3]1984, 2 Bde.

Massin, Robert: *La Lettre et l'image. Figuration dans l'alphabet latin du huitieme siècle àno s jours.* Paris 1970; dt. *Buchstabenbilder und Bildalphabete.* Ravensburg 1971.

Périot, Maurice, und Brosson, Paul: *Morphophysiologie de l'écriture. Méthode rationelle de graphologie basée sur la physiologie du geste.* Paris 1957.

ITALIENISCHER SPRACHRAUM

D'Angelo, Pietro: *Storia della scrittura.* Rom 1953.

Cencetti, Giorgio: *Lineamenti di storia della scrittura latina.* Bologna 1954.

Ducati, Bruno: *La scrittura.* Padua 1931.

ENGLISCHER SPRACHRAUM

Diringer, David: *The Alphabet. A Key to the History of Mankind.* London 1949, ²1968.

Gelb, Ignace J.: *A Study of Writing. The Foundation of grammatology.* Chicago 1952; dt. *Von der Keilschrift zum Alphabet.* Stuttgart 1958.

Nachwort

Von Hanns-Josef Ortheil

Roland Barthes' *Variations sur l'écriture* sind im Februar 1973 für ein interdisziplinäres Projekt des „Istituto accademico di Roma“ entstanden. Zu Lebzeiten des Autors wurden sie nicht veröffentlicht, zum ersten Mal erschienen sie erst im Rahmen der Gesamtausgabe seiner Werke[1] und liegen hier in der Übersetzung von Hans-Horst Henschen nun auch erstmals in deutscher Sprache vor.

Als „Variationen“ über die „Schrift“ oder das „Schreiben“ kann man indessen bereits einen Großteil des Gesamtwerks von Roland Barthes verstehen. So zeigt sich das Interesse an diesen Themen bereits in dem 1953 veröffentlichten Frühwerk *Am Nullpunkt der Literatur* (*Le degré zéro de l'écriture*), in dem Barthes den Begriff der „écriture“ als jene „Schreibweise“ (oder jene stilistische Haltung) einführt, zu der sich der Schriftsteller aufgrund bestimmter formaler Begrenzungen entscheidet. In *Am Nullpunkt der Literatur* untersucht Barthes die Verwandlungen derartiger „Schreibweisen“ auch in historischem Sinn: Er beginnt mit den starken, die französische Literatur des 19. Jahrhunderts prägenden Formen des Romans und der Lyrik, und er untersucht die Schnitte und Brüche, die solche mächtigen Formen in der Folgezeit durch die Sprachkritik der Moderne erleiden.

[1] Barthes, Roland: Œuvres complètes. Tome IV, 1972-1976. Nouvelle édition revue, corrigée et présentée par Éric Marty. Paris 2002, S. 267ff.

Genau auf diese Überlegungen spielt Barthes denn auch zu Beginn der 1973 konzipierten *Variations sur l'écriture* an. Zwanzig Jahre nach seiner ersten Beschäftigung mit dem Thema nimmt er sich vor, ein Dossier zu den Themen „Schrift" und „Schreiben" anzulegen. Das Dossier soll all jene Aspekte zusammenführen und aufbewahren, die sich in den vergangenen zwanzig Jahren in der Beschäftigung mit diesen Themen neu herauskristallisiert haben. So breiten die *Variations* gleichsam das ganze inzwischen eröffnete Terrain der Reflexion aus, das insgesamt durch einen bedeutsamen methodischen Sprung markiert ist: Barthes behandelt seine Themen nicht mehr nur mit der Distanz des reflektierenden Beobachters, sondern auch mit der Empathie dessen, der die körperliche Aneignung seiner Themen mit in seine Überlegungen einbezieht.

Die körperliche Aneignung fügt der Reflexion Betrachtungen und Beobachtungen über jene Spuren hinzu, die der Umgang mit dem jeweiligen Gegenstand im oder am Körper des Betrachters hinterlässt. In diesem Sinn wenden sich Barthes' Untersuchungen, ohne dadurch „bloß subjektiv" zu werden, nun auch auf das reflektierende Subjekt selbst, sie beziehen seinen „Körper" mit ein und dehnen sich damit auf die Beobachtung all jener zuvor verborgen gehaltenen Passionen aus, die es auf direkte oder untergründige Weise mit seinen Gegenständen verbinden.

Die Wende hin zur Einbeziehung des Körper-Aspekts ereignet sich in Barthes' Gesamtwerk jedoch keineswegs plötzlich, im Grunde ist sie vielmehr schon von Beginn an in seinen Arbeiten angelegt. So sind etwa die frühen, 1957 in den *Mythen des Alltags* (*Mythologies*) veröffentlichten Texte, Texte über „Das Gesicht der Garbo", den „Neuen Citroën" oder „Beefsteak und Pommes frites", bereits Studien über „Passionen", die aber noch nicht von dem Zweitblick auf das Subjekt Barthes begleitet, sondern beinahe ausschließlich mit dem zupackenden Griff auf „Zeichensysteme" angegangen werden. Die darin angelegte Domestizierung der Körper-Thematik nimmt in Barthes' Gesamtwerk dann mal stärkere, mal schwächere Züge an. Über derartige Schwankungen hat er selbst in einem Text nachgedacht, den er zunächst in Italien vorgetragen und kaum ein Jahr nach der Niederschrift der *Variations* in *Le Monde* publiziert hat.
In diesem Text begreift er seine Entwicklung unter dem Leitbild des „semiologischen Abenteuers", das sich bis zum Zeitpunkt seiner Überlegungen in drei Schritten vollzogen habe: Zu Beginn, in den fünfziger Jahren, sei er von den linguistischen Forschungen Ferdinand de Saussures fasziniert gewesen, sein ganzes Interesse habe daher der „Sprache" oder dem „Diskurs" gegolten; von 1957 bis 1963 habe er sich der „Semiologie" als der Wissenschaft von den Zeichensystemen verschrieben; seither aber

arbeite er mit dem Blick auf den „Text", den er nicht mehr als ästhetisches Produkt oder als literarisches Werk verstehe, sondern als eine „Praxis", die sich als „Arbeit" und „Spiel" entwerfe, als „Volumen sich verschiebender Spuren".[2]

Was Barthes mit diesen drei Schritten beschreibt, ist, schaut man einmal genauer hin, weniger eine kontinuierliche Folge oder gar eine lineare Entwicklung seines Gesamtwerks als ein Arbeiten in drei verschiedenen Aggregatzuständen: Am Beginn stehen eher luftige, spontan zupackende Studien, die den Spuren einer Faszination folgen, Werke wie *Am Nullpunkt der Literatur*, *Mythen des Alltags* oder auch die große Studie über den Historiker *Michelet* (1954) stammen aus dieser Phase.

Darauf folgt in den Jahren von 1957 bis 1963 die unter den Vorzeichen einer strengen Systematik betriebene wissenschaftliche semiologische Forschung, wie sie sich in dem 1967 erschienenen Hauptwerk jener Jahre, *Die Sprache der Mode* (*Système de la Mode*), niederschlägt.

Die späten sechziger Jahre führen dann aber wieder zu einer stärkeren Dynamisierung des Blicks, indem sich die Untersuchungen nicht mehr geschlossenen Systemen, sondern offenen

[2] Barthes, Roland: Das semiologische Abenteuer. In: Das semiologische Abenteuer. Aus dem Französischen von Dieter Hornig. Frankfurt/M. 1988, S.7ff.

Zeichenprozessen zuwenden. Genau mit dieser Dynamisierung aber hat das Eindringen und Auftauchen des Körpers in Roland Barthes' Texten zu tun: Plötzlich nämlich erscheinen seine Gegenstände nicht mehr erstarrt, plötzlich beschäftigen ihn ihre Verwandlung und ihre Anziehungskraft und damit auch die Spuren, die sie im Subjekt Barthes hinterlassen haben. Von nun an werden sie eben auch auf diese Spuren hin betrachtet, und Barthes macht die private Geschichte seines Umgangs mit ihnen selbst zum Gegenstand seiner Studien.

Damit aber schieben sich Begriffe in den Vordergrund, die von der nun auch körperlichen Aneignung der Gegenstände herrühren, Begriffe wie *plaisir* oder *jouissance*, die seit Anfang der siebziger Jahre sein essayistisches Werk durchziehen und akzentuieren. So erscheint 1973 *Die Lust am Text* (*Le Plaisir du Texte*), und so leiten die 1975 veröffentlichten Fragmente *Über mich selbst* (*Roland Barthes par Roland Barthes*) gleichsam das Übergewicht und den Triumph des subjekt-zentrierten Blicks über das „semiologische Abenteuer" ein.

Liest man die *Variations* vor dem Hintergrund dieses knapp skizzierten Überblicks über Barthes' unterschiedliche Werkstadien, so fällt zunächst auf, dass Barthes die *Variations* in einem bedeutsamen Umbruchmoment seiner Arbeiten entworfen hat. In diesem Sinn markieren sie ein Innehalten und entwerfen in

freier, ungezwungener Weise noch einmal die unterschiedlichsten Aspekte dessen, was Barthes *écriture* nennt. Wie zu Beginn seiner Forschungen in den fünfziger Jahren ist diese *écriture* noch einmal ein Faszinosum, sie umgibt sich mit den verschiedensten leuchtenden Begriffen, sie ist hier nicht ganz zu fassen und dort nicht, aber sie hinterlässt jetzt zumindest sehr deutliche Spuren, die sich der Beobachtung des körperlichen Umgangs mit ihr verdanken.

Diese deutlichen Spuren sind Spuren der Handschrift und damit des konkreten Schreibaktes, es sind Spuren jenes dynamischen Vorgangs, dem nun Barthes' dominantes Interesse gilt und den er – auf der immerwährenden Suche nach dem neuen Begriff – *scription* („Schreibung") nennt: „dieser Gestus, mit dem die Hand ein Werkzeug ergreift (Stichel, Schreibrohr, Feder), es auf eine Oberfläche stützt und darauf, eindrückend oder sanft streichend, fortgleitet und regelmäßige, rhythmische, wiederkehrende Formen einprägt ..."

In der Formulierung des Leitmotivs der *scription* erkennt man Barthes' staunenden Blick: Er betrachtet die eigene Hand, die sich an den Schreibwerkzeugen und Schreibmaterialien erfreut, und er betrachtet sie zugleich als einer, der auf die Geschichte dieser schreibenden Hand zurückblickt. Ein solcher Blick aber ist bis in die Details der typische Blick eines Schriftstellers, der sich mit den Jahrzehnten in

einer für ihn charakteristischen Werkstatt eingerichtet hat.
In dieser Werkstatt schaut Roland Barthes sich in den *Variations* um: Das hier sind meine bevorzugten Werkzeuge, das sind meine Materialien, das hier sind meine Schriftzüge, das hier ist mein durch die handwerkliche Arbeit geprägtes Verständnis von „Schrift“ und „Schreiben“. Deshalb geht es in den *Variations* nicht mehr darum, eine „These“ zu vertreten, sondern, wie Barthes in seiner Einleitung schreibt, „Fragen“ zu stellen. Diese Fragen aber sind genau die, die sonst Schriftstellern gestellt werden, es sind die Fragen der klassischen Werkstattgespräche: Womit schreiben Sie? Wann schreiben Sie? Wie bereiten Sie Ihr Schreiben vor? Wie erleben Sie Ihr Schreiben? usw.
So gesehen blickt Barthes in den *Variations* auf seine Genese als Schriftsteller zurück, dessen Existenz freilich schon in den ersten Studien angelegt war. In diesen Studien verbargen sich die schriftstellerischen „Passionen“ noch im Forschungseifer, mit der Zeit traten sie jedoch immer stärker hervor, ohne dass Barthes auf die Attribute der Forschung – Formulierung neuer Begriffe, Reflexion des Blicks, Ansätze zur Systematisierung – je ganz verzichtet hätte.
Das Eigentümliche des schriftstellerischen Blicks ist jedoch, dass er niemals von sich selbst, von seiner körperlichen und psychischen Präsenz, absehen kann. Jedes Thema setzt er zu

dieser Präsenz und ihrer Geschichte in Beziehung, ja er kann über kein Thema schreiben, ohne diese Präsenz und ihre Geschichte wenn auch auf noch so versteckte Weise in einem Text zur Geltung zu bringen.

Die vordergründige Perspektive unterscheidet von daher den „Forscher" vom „Schriftsteller"; Roland Barthes jedoch ist ein Autor, der die Entstehung des schriftstellerischen Blicks im Verlauf seiner Forschungen gleichsam hat geschehen lassen, um ihn dann aufzugreifen, zu thematisieren und im weiteren Verlauf seiner Arbeiten zu kultivieren, ohne die Perspektive des „Forschers" je aufzugeben. Im Verlauf seiner Forschungen entsteht daher schleichend, Schritt für Schritt, eine Vorstellung von der schriftstellerischen Existenz und vom Dasein des Schriftstellers. Die forschende Perspektive jedoch behandelt diese Vorstellung als ein „Phantom", eine bürgerliche Idee, einen Traum oder als eine ferne Figur, von der man höchstens skizzenhaft sprechen kann.

In einem erstaunlich frühen Text aus dem Jahr 1964 hat Roland Barthes diese „Phantasie" als Phantasie eines jungen Schriftstellers entworfen, der Text blieb jedoch nicht zufällig unveröffentlicht und wurde erst nach seinem Tod publiziert. Er ist überschrieben „F.B."[3] –

[3] Barthes, Roland: F.B. In: Das Rauschen der Sprache (Kritische Essays IV). Aus dem Französischen von Dieter Hornig. Frankfurt/M. 2005, S. 252ff.

F.B., das sind die Initialen des jungen Autors, den Barthes dann ausschließlich von den besonderen Figuren seines Schreibens her begreift, das sich nicht den großen Gattungen zuwendet, sondern sich in Sprachsplittern und Fragmenten artikuliert. Nicht der „Roman" steht diesem jungen Schriftsteller als Gattung noch zur Verfügung, sondern „das Romanhafte", die gebrochene, reflektierte Gattung also, das, was von einer literarischen Gattung übrig bleibt, wenn man ihre Essenz erhalten will, ihre statuarische Geschlossenheit jedoch in dem Bewusstsein des historischen Bruchs preisgibt.

Genau diesem „Romanhaften" aber wendet sich Roland Barthes mit den Werken der siebziger Jahre zu. Er schreibt eine „Reise-Erzählung" (*Das Reich der Zeichen / L' empire des signes*)[4], er schreibt einen „Liebesroman" (*Fragmente einer Sprache der Liebe / Fragments d'un discours amoureux*)[5], er schreibt eine „Erzählung" über den Tod seiner Mutter (*Die helle Kammer / La chambre claire*)[6], er führt ein Tagebuch (*Soirées de Paris / Pariser*

4 Barthes, Roland: Das Reich der Zeichen. Aus dem Französischen von Michael Bischoff. Frankfurt/M. 1981

5 Barthes, Roland: Fragmente einer Sprache der Liebe. Übersetzt von Hans-Horst Henschen. Frankfurt/M. 1984

6 Barthes, Roland: Die helle Kammer. Übersetzt von Dietrich Leube. Frankfurt/M. 1985

Abende)[7]. In all diesen Werken dominiert die schriftstellerische Perspektive und bedient sich des Forschungs-Interesses, indem sie das „Erforschte" erzählt, ausbreitet, uneindeutig erscheinen lässt, fragmentarisiert, archiviert.
So entstehen nach dem Bruch mit den großen literarischen Formen ihre durch den Forschungs-Blick „gebrochenen" Ableger, in denen gleichwohl die charakteristischen Merkmale der großen Formen (Erzählen, Figuren entwerfen, Beschreiben etc.) noch einmal von Melancholie grundierte szenische Auftritte erhalten.
Von daher erscheinen die *Variations sur l'écriture* von 1973 als ein Anlauf, als eine Präparierung der Werkstatt: „Ich habe hier lediglich die Fäden geordnet, ausgebreitet." Diese Fäden gruppieren sich um das Leitmotiv der *scription*, sind jedoch gleichzeitig auch mit den Forschungs-Interessen der früheren Werke verbunden. Im Aufbau der *Variations* lässt Barthes diese Forschungs-Interessen noch einmal vorbeiziehen, so dass die Gliederung der *Variations* gleichsam wie eine Revue erscheint, die nicht zufällig auf das Schlusskapitel, in dem Schreiblust und Schreibgenuss („Jouissance") thematisiert werden, zuläuft.

[7] Barthes, Roland: Begebenheiten/ Incidents. Aus dem Französischen übertragen von Hans-Horst Henschen. Mainz 1988, S. 53ff.

Nach der kurzen Einleitung, die das Leitmotiv einführt, gibt Barthes die wichtigsten historischen „Wegmarken" einer Beschäftigung mit „Schrift" und „Schreiben" vor, um das Leitmotiv daraufhin in vier großen Anläufen zu umkreisen oder, besser gesagt, zu „variieren". Die Methode der „Variation" ist der Musik entlehnt, denn wie in musikalischen „Variationen" variieren die vier Großkapitel das zentrale Motiv, während jedes einzelne Kapitel wiederum einen besonders herausgestellten Aspekt des Themas (und damit auch frühere „Forschungsinteressen") variiert.

Im ersten Kapitel („Illusions") widmet sich Barthes dabei vor allem den klassischen wissenschaftlichen Erläuterungen und Vorstellungen von „Schrift", den Debatten über ihre „Funktionen" und die „kommunikativen" Momente der Schriftsysteme, dem „paläographischen" oder dem „graphologischen" Blick, mithin also all jenen Forschungs-Richtungen, für die „Schrift" und „Schreiben" lediglich Vorgaben sind, die nicht um ihrer selbst willen untersucht werden, sondern höchstens in einem erweiterten Forschungs-Interesse von Bedeutung sind.

So betrachten die Sprachwissenschaften „Schrift" und „Schreiben" unter der Voraussetzung, dass sie zum „Transport" oder zur „Übertragung" von gedanklichen Zusammenhängen, Ideen etc. beitragen, so widmet sich die Paläographie der archäologischen Rekonstruktion und Enträtse-

lung unbekannter Schrift-Systeme, so untersucht die Graphologie „Schrift" und „Schreiben" mit dem Blick auf die psychischen Dispositionen des Schreibenden. Dadurch aber unterscheiden sich all jene Fragestellungen grundsätzlich von jenen Überlegungen, die primär nach dem Schreibakt selbst, seiner Bewegung, seinen Regeln, seinen Materialien und damit nach der Konstitution von „Werkstätten" fragen.

Lassen die *Variations* mit ihrem ersten Kapitel („Illusions") die traditionellen Fragestellungen von Linguistik, Paläographie, Graphologie etc. hinter sich, so beschäftigen sie sich im zweiten und dritten Kapitel vor allem mit Schrift- oder Schreib-Systemen („Système") sowie ihrem Gebrauch oder Einsatz („Enjeu"). Die Schrift- oder Schreib-Systeme sind in diesem Sinn gleichsam die notwendigen handwerklichen Voraussetzungen der Schreiblust, sie stellen die unterschiedlichsten Buchstaben, Alphabete und Schrifttypen zur Verfügung, die wiederum unter jeweils unterschiedlichen kulturellen Anforderungen dann gleichsam zu einem gesellschaftlichen „Einsatz" kommen.

Geben also die „Systeme" die Regeln des Handwerks vor, so entscheidet ihr „Einsatz" darüber, wie eine Gesellschaft sich dieser Systeme bedient, sie gleichsam „rahmt" und dadurch erst zur Gestalt einer „Werkstatt" werden lässt. Erst indem aber eine solche „Werkstatt" in der Handhabung eines Schrift- und Schreib-Sys-

tems und unter bestimmten politischen, ökonomischen und sozialen Markierungen gleichsam „in Szene“ gesetzt wird, sind die Voraussetzungen für die Entfaltung der freien und damit kreativen Schreiblust („Jouissance“) geschaffen.

Es fällt auf, dass Barthes diese Schreiblust zunächst als graphische und rhythmische Ereignisse sieht: Die Hand zeichnet etwas auf dem Papier, sie zieht Linien und Kurven, sie hebt sich und senkt sich, sie setzt ab, setzt wieder an. So bedeckt die Schrift zunächst die Leere (der Seite, der Mauer etc.), so entwirft sie ein ornamentales Bild, gliedert sich in Kolonnen und Absätze, formt sich zu Blöcken, zeigt Risse und Sprünge.

Von heute aus werden diese Charakteristiken der Schreiblust dadurch verständlicher, dass man sie in Beziehung zu Barthes' Beschäftigung mit Themen der Malerei und Musik setzt, die ebenfalls Anfang der siebziger Jahre stark zunimmt und sich in zahlreichen kleineren Aufsätzen und Essays niederschlägt. So schreibt er 1973 die Einleitung zu einem Ausstellungs-Katalog der Werke André Massons[8], widmet sich im selben Jahr ausführlich der Malerei Bernard

8 Barthes, Roland: Semiographie André Massons. In: R.B., Der entgegenkommende und der stumpfe Sinn (Kritische Essays III). Aus dem Französischen von Dieter Hornig. Frankfurt/M. 1990, S. 160ff.

Réquichots[9] und verfolgt aufmerksam das malerische und zeichnerische Werk Cy Twomblys, das er wenige Jahre später in einer längeren Studie[10] behandelt.

Ganz ähnlich rückt auch die Musik stärker in den Vordergrund, so schreibt Barthes über das Hören von Musikstücken, über das Klavierspielen, über den Gesang und das Singen, vor allem aber und immer wieder über die Musik Robert Schumanns, zu der er wegen ihrer fragmentarischen Kürze und ihrer Hingabe an gebrochene Passionen des Ausdrucks eine starke Verwandtschaft empfindet.[11]

In all diesen Fällen – also sowohl in der Beschäftigung mit Malerei als auch in der mit Musik – geht es dabei zunächst um die Beschäftigung mit einer gewissen Praxis. So werden die jeweiligen Werke von ihrer Entstehung und vom ästhetischen Prozess der Produktion her beschrieben, und so gelten viele Überlegungen einer Elementarlehre der Praxis: Was ist malen? Was zeichnen? Was hören? Was singen?

9 Barthes, Roland: Réquichot und sein Körper. In: R.B., Der entgegenkommende und der stumpfe Sinn, a.a.O., S. 219ff.

10 Barthes, Roland: Cy Twombly oder Non multa sed multum. In: R.B., Der entgegenkommende und der stumpfe Sinn, a.a.O., S. 165ff.

11 Vgl. die unter der Überschrift „Der Körper der Musik" gesammelten Aufsätze in: R.B., Der entgegenkommende und der stumpfe Sinn, a.a.O., S. 249ff.

Daneben aber haben alle von Barthes behandelten Werke gemeinsam, dass sie in einer besonderen Beziehung zur Schrift und zum Schreibakt stehen. Diese Beziehung gründet im Blick auf die „Gestik", also im Blick darauf, wie sich ein bestimmter Teil des Körpers bei der Hervorbringung eines Werkes darstellt und artikuliert. In Massons, Réquichots und Twomblys Werken haben die zeichnerischen „Gesten" der Hand in diesem Sinn Spuren hinterlassen, in Schumanns Musik zeigen sich „Gesten" des Nachdenkens, des Unterbrechens oder des Streckens.

All diese Beobachtungen aber haben dadurch etwas Gemeinsames, dass Barthes auch die Werke der Malerei und der Musik als Körper betrachtet: Sie werden geboren, sie wachsen, setzen sich zu Figuren zusammen, nehmen Gestalt an. Die Geste des Schreibens liefert dafür gleichsam das Vorbild, sie setzt auf dem leeren, weißen Blatt an, sie setzt sich fort, sie kritzelt und fiebert. Übersetzt man sie in die Malerei, so entstehen zeichnerische Gebilde von der Art, wie Barthes sie Anfang der siebziger Jahre für sich entworfen hat[12], übersetzt man sie in die Musik, so entsteht die Figur des

12 Vgl. Barthes' graphische Arbeiten in dem 2002 erschienenen Ausstellungskatalog R/B. Roland Barthes. Sous la direction de Marianne Alphant & Nathalie Léger. Exposition présentée au Centre Pompidou, Galerie 2. 27 novembre 2002-10 mars 2003. Paris 2002, S. 136ff.

Klavier spielenden Roland Barthes, der während seiner Klavier-Übungen auf sein eigenes Spiel horcht und dessen Gestik studiert.

„Materialität"/„Körperlichkeit"/„Praxis"– das also sind Roland Barthes' Themensetzungen der siebziger Jahre, mit deren Hilfe er das frühere Verständnis von „Werken" und „Kunst-Werken" als Monaden, deren Geschlossenheit von einem gesellschaftlichen Schock herrührt, aufbricht. Sammeln die *Variations* zusammen mit dem ertragreichen Umfeld der anderen genannten Studien dafür die Bausteine, so münden die Anstrengungen in Barthes' Antrittsvorlesung im Collège de France am 7. Januar 1977 in dem programmatischen Satz: „Ich verstehe unter *Literatur* nicht einen Korpus oder eine Folge von Werken, auch nicht einen Sektor des Umgangs oder des Unterrichts, sondern den komplexen Graph der Spuren einer Praxis: der Praxis des Schreibens."

Eine weitere Entfaltung und Ausdehnung dieses Projekts hat Roland Barthes' früher Tod im Frühjahr 1980 unmöglich gemacht. Seither haben jedoch neuere Forschungs-Ansätze vor allem in den Literatur- und Kulturwissenschaften zu einer auch methodisch fundierten Hinwendung zur „Praxis des Schreibens" und damit zu den schriftstellerischen „Werkstätten" geführt. Am deutlichsten hat sich diese Hinwendung zunächst in den Arbeiten der sogenannten „critique génétique" vollzogen, die sich rund um die großen Handschriften-

Sammlungen des Pariser „Centre national de la recherche scientifique“ (CNRS) und das „Institut des textes et manuscrits modernes“ (ITEM) gruppierten.

Almuth Grésillon hat in einer Einführung in die Methoden dieser „critique“ das Spezifische des textgenetischen Blicks dargestellt: Ausgehend von einer Untersuchung, Entzifferung und Transkribierung der jeweiligen Handschriften, geht es der „critique génétique“ im weiteren um ein Studium der kreativen Prozesse bei der Entstehung eines literarischen Werkes, um Vermutungen über kognitive Aktivitäten und damit um „Hypothesen über die beim Schreiben durchlaufenen Strecken“[13]. Damit diese Hypothesen vom „Material“ und damit von den Details her entwickelt und begründet werden können, steht im Mittelpunkt dieser Untersuchungen die literarische „Werkstatt“: Schriftträger (mit all ihren Spuren), Schreibwerkzeuge, Schrift, Schreibraum, Stadien des Arbeitsprozesses.

Nicht die „Schrift“ oder das „Geschriebene“ stehen also im Zentrum dieser Forschungen, sondern der „Schreibvorgang“, das „Schreiben“. Daher heißt es in dem programmatischen Buch von Almuth Grésillon in deutli-

[13] Grésillon, Almuth: Literarische Handschriften. Einführung in die „critique génétique“. Aus dem Französischen übersetzt von Frauke Rother und Wolfgang Günther, redaktionell überarbeitet von Almuth Grésillon. Bern 1999, S. 25

cher Weiterführung und Umformulierung der Überlegungen zu „Literatur"/„Schrift" und „Text", die Roland Barthes in seiner Antrittsvorlesung am Collège de France angestellt hat: „Im Endeffekt ist dem Terminus ‚Schrift' im genetischen Kontext generell der Begriff des ‚Schreibens' vorzuziehen, dem dabei drei Bedeutungen zukommen, die alle drei eine Aktivität implizieren: Erstens, die materielle Bedeutung, mit der eine Schreibspur oder etwas Aufgeschriebenes schlechthin bezeichnet wird: eine Ebene, die das Schreibmaterial und das Schreibgerät voraussetzt und vor allem die Hand, die aufzeichnet; zweitens, eine kognitive Bedeutung, die den Akt meint, durch den sprachliche Einheiten im Schreiben fixiert werden; drittens die künstlerische Bedeutung, mit der das Entstehen von sprachlichen Formen gemeint ist, die unverwechselbare Merkmale literarischen Schreibens tragen."[14]
Nicht „Im Anfang war der Text", sondern „Im Anfang war das Schreiben" erscheint daher als der Leitsatz der von Almuth Grésillon skizzierten Forschungen, denen man im deutschsprachigen Bereich das an der Universität Basel in den letzten Jahren ins Leben gerufene Forschungsprojekt „Zur Genealogie des Schreibens" an die Seite setzen könnte. In der Einleitung zur ersten Dokumentation dieses Projekts, einem Sammelband mit wissenschaftlichen Auf-

[14] Grésillon, Almuth: Literarische Handschriften, a.a.O., S.29

sätzen zu Schreibszenen im Zeitalter der Manuskripte, bezieht sich einer der Herausgeber, Martin Stingelin, ausdrücklich auf die (zum Zeitpunkt des Erscheinens dieses Bandes noch nicht auf Deutsch erschienenen) *Variations sur l'écriture* und versucht, die in Barthes' Text noch offen gelassenen Bezüge zwischen Schreibinhalten, Schreibmaterialität und Schreibgestik im Begriff der „Schreibszene" zusammenzufassen: „ ... verstehen wir im folgenden unter ‚Schreibszene' die historisch und individuell von Autorin und Autor zu Autorin und Autor veränderliche Konstellation des Schreibens, die sich innerhalb des von der Sprache (Semantik des Schreibens), der Instrumentalität (Technologie des Schreibens) und der Geste (Körperlichkeit des Schreibens) gemeinsam gebildeten Rahmens abspielt, ohne dass sich diese Faktoren selbst als Gegen- oder Widerstand problematisch würden; wo sich dieses Ensemble in seiner Heterogenität und Nicht-Stabilität an sich selbst aufzuhalten beginnt, thematisiert, problematisiert und reflektiert, sprechen wir von ‚Schreib-Szene'. Die Singularität jeder einzelnen ‚Schreibszene' entspringt der Prozessualität des Schreibens ..." [15]

[15] Stingelin, Martin: ‚Schreiben'. In: „Mir ekelt vor diesem tintenklecksenden Säkulum". Schreibszenen im Zeitalter der Manuskripte. Hrsg. von Martin Stingelin in Zusammenarbeit mit Davide Giuriato und Sandro Zanetti. München 2004, S. 15

Sowohl die Forschungen der Pariser Forschungsgruppe der „critique génétique" wie die der Baseler Forschungsgruppe zu „Genealogien des Schreibens" belegen also, dass es sich bei Roland Barthes' *Variations sur l'écriture* um einen Schlüsseltext für alle jene Forschungen handelt, die man heutzutage unter dem Schlagwort der „Schreibprozessforschung" zusammenführen könnte.

In einer noch freien, aber dennoch weitreichenden Form hat Barthes in den *Variations* in einem Moment des Innehaltens genau jene produktiven Anstöße skizziert und zusammengestellt, die die spätere Forschung dann methodisch ausgeweitet hat. An einer der schönsten Stellen seines Textes werden in der ihm eigenen Sprache auch das freie Schweifen, all die Unruhe und all die Fragen benannt, mit denen der Blick auf ein Manuskript es heute mehr denn je zu tun hat. Hellsichtig heißt es da, unter dem Stichwort „Unendlich": „Ich habe eine Manuskriptseite vor mir; etwas, das gleichzeitig an der Perzeption, der Intellektion, der Assoziation teilhat – aber auch am Gedächtnis und am Genuss – und das man Lektüre nennt, setzt sich in Gang. Diese Lektüre, wo werde ich, wo kann ich damit innehalten? Sicher, ich sehe genau, von welchem Raum mein Auge ausgeht; aber wohin? Welchem anderen Raum passt es sich an? Reicht es *hinter* das Papier? (aber hinter dem Papier ist der Tisch). Welches sind die Ebenen, die jede

Lektüre entdeckt? Wie ist die Kosmogonie beschaffen, die dieser einfache Blick postuliert? Sonderbarer Kosmonaut, der ich bin, durchquere ich viele Welten, ohne in einer einzigen innezuhalten: die Weiße des Papiers, die Form der Zeichen, die Gestalt der Wörter, die Regeln der Sprache, die Zwänge der Botschaft, die verschwenderische Fülle der assoziierten Sinnebenen. Dieselbe unendliche Reise in der Gegenrichtung, auf den Spuren dessen, der schreibt: vom geschriebenen Wort kann ich zurückgreifen auf die Hand, den Muskel, das Blut, den Trieb, die Kultur des Körpers, seinen Genuss. Zu beiden Seiten erstreckt sich die Schrift-Lektüre bis ins Unendliche, bezieht den ganzen Menschen ein, seinen Körper und seine Geschichte; es ist ein panischer Akt, dessen einzige gesicherte Definition die ist, dass er *nirgendwo innehält.*“

Inhaltsverzeichnis

III. Enjeu [Einsatz]

IV. Jouissance [Genuss]

Vom gleichen Autor und Übersetzer:

Roland Barthes

Begegebenheiten Incidents

Aus dem Französischen von Hans-Horst Henschen

Band I der Reihe *excerpta classica*

ISBN 3-87162-011-4

Dieterich'sche Verlagsbuchhandlung

Bibliographische Information der Deutschen Bibliothek

Die Deutsche Bibliothek verzeichnet diese Publikation in der Deutschen Nationalbibliographie: detaillierte bibliographische Daten sind im Internet über http://dnb.ddb.de abrufbar.